# 海南自由贸易港
# 海关监管研究

HAINAN ZIYOU MAOYIGANG HAIGUAN JIANGUAN YANJIU

海关总署研究中心　编

中国海关出版社有限公司
·北京·

## 图书在版编目（CIP）数据

海南自由贸易港海关监管研究/海关总署研究中心编 .—北京：中国海关出版社有限公司，2024.6
ISBN 978－7－5175－0757－4

Ⅰ.①海… Ⅱ.①海… Ⅲ.①自由贸易区—海关—监管制度—研究—海南 Ⅳ.①F752.866

中国国家版本馆 CIP 数据核字（2024）第 042076 号

## 海南自由贸易港海关监管研究

HAINAN ZIYOU MAOYIGANG HAIGUAN JIANGUAN YANJIU

| 作　　　者：海关总署研究中心 |
| --- |
| 责任编辑：邹　蒙 |
| 责任印制：孙　倩 |
| 出版发行：中国海关出版社有限公司 |
| 社　　　址：北京市朝阳区东四环南路甲 1 号　　邮政编码：100023 |
| 编 辑 部：01065194242-7530（电话） |
| 发 行 部：01065194221/4238/4246/5127（电话） |
| 社办书店：01065195616（电话） |
| 　　　　　https：//weidian.com/?userid=319526934（网址） |
| 印　　　刷：北京金康利印刷有限公司　　　经　　销：新华书店 |
| 开　　　本：710mm×1000mm　1/16 |
| 印　　　张：12.75　　　　　　　　　　　　字　　数：238 千字 |
| 版　　　次：2024 年 6 月第 1 版 |
| 印　　　次：2024 年 6 月第 1 次印刷 |
| 书　　　号：ISBN 978-7-5175-0757-4 |
| 定　　　价：60.00 元 |

海关版图书，版权所有，侵权必究
海关版图书，印装错误可随时退换

## 课题组成员

**课题组负责人：** 万中心

**课题组成员：** 苏 铁　田仲他　程 前　连 欣

# 序　言

习近平总书记指出："在海南建设自由贸易港，是党中央着眼于国内国际两个大局、为推动中国特色社会主义创新发展作出的一个重大战略决策，是我国新时代改革开放进程中的一件大事。"鉴于海关监管制度是自由贸易港政策和制度体系的重要组成部分，海关总署研究中心自2019年2月开始组织专门课题组，对海南自由贸易港海关监管制度和监管实施方案进行了较为深入的研究。本书是课题组思考和探索过程的汇编。[①]

## 一、从增强经济创新力和竞争力角度开展研究

在研究海南自由贸易港海关监管制度过程中，课题组认真学习领会了习近平总书记在庆祝海南建省办经济特区30周年大会上的重要讲话精神（以下简称"'4·13'重要讲话精神"），反复研读《中共中央 国务院关于支持海南全面深化改革开放的指导意见》（中发〔2018〕12号）、《中国（海南）自由贸易试验区总体方案》（国发〔2018〕34号）等重要文件。课题组认识到，高质量高标准建设自由贸易港具有重要意义，全面深化改革开放试验区的作用若发挥好，可引领我国改革开放向纵深推进，为全国高质量发展提供典型示范。课题组不禁开始思考，应从什么方面着手设计海关监管制度，支持和促进海南高质量高标准建设自由贸易港呢？

课题组决定从促进海南增强经济创新力和竞争力方面着手，研究设计自由贸易港海关监管制度。我国经济已由高速增长阶段转向高质量发展阶段。党的十九大报告指出："必须坚持质量第一、效益优先，以供给侧结构性改革为主线，推动经济发展质量变革、效率变革、动力变革，提高全要素生产率，着力加快建设实体经济、科技创新、现代金融、人力资源协同发展的产业体系，着力构建市场机制有效、微观主体有活力、宏观调控

---

[①] 为反映当时的研究思路，保留了报告中的数据年份（多为2018年、2019年），不是最新数据。

有度的经济体制，不断增强我国经济创新力和竞争力。"自由贸易港作为制度创新高地，如果能在增强经济创新力和竞争力方面走在前列，则可为我国提供高质量发展的生动范例。

根据国际经验，较强的经济创新力和竞争力也是世界上成功自由贸易港的重要特征。在认真研究了新加坡、中国香港、迪拜、槟城这些不同自由港的兴衰与现状、海关监管制度之后，课题组总结出一些规律和经验。知名自由港如新加坡、中国香港、迪拜等，大多有着很强的经济创新力和竞争力。在创新力方面，根据世界知识产权组织发布的《2020年全球创新指数》（Global Innovation Index 2020）报告，在131个经济体中新加坡排名第8位，中国香港排名第11位。在竞争力方面，从世界银行《2020年营商环境报告》看，新加坡和中国香港分别列第2位、第3位，营商环境优越，迪拜所在的阿联酋营商环境也较好，列第16位，而中国内地排在第31位。从中国社会科学院的全球城市竞争力200强榜单看，新加坡列第3位，中国香港列第13位，迪拜列第72位。课题组还对新加坡、迪拜这些知名自由港如何实现有效监管做了更多研究，发现一些共同特点。例如，强化监管并赋予海关全关境执法权力，处罚严明以培育良好法治氛围，加强信息化建设和科技应用，严格监管物理围网和非围网自由区。

同时，海南发展实际也说明，从增强经济创新力和竞争力方面着手是合适的。课题组深入开展了几次调查研究，赴海南省海口、三亚、博鳌等地认真了解实际情况，实地走访企业、港口等，前后举行了十几场座谈。结合海南发展定位，课题组主要与旅游购物、游艇邮轮、医药疗养、跨境电商等行业近30家企业进行了交流，与海南省及海口市、三亚市的20多个政府部门以及海南自由贸易港博鳌乐城国际医疗旅游先行区管委会、海口综合保税区管委会、洋浦经济开发区管委会等进行了座谈。根据调查研究情况，结合互联网资料等，课题组认为海南省创新驱动发展的潜力巨大，在提升国际竞争力上大有可为。研究成果初稿形成后，课题组专门听取了海南省有关部门、海口海关和相关企业的意见，并结合这些建议对初稿做了修改完善。

**二、立足于先行先试、压力测试，研究提出与高水平自由贸易港相适应的海关监管制度**

课题组对海南自由贸易港海关监管制度进行研究，形成了《关于自由贸易港海关监管制度的专题研究报告》及五篇分报告。分别是"分报告一　自由港新加坡力促开放型经济创新发展""分报告二　海南地方政府、企业关于自由贸易港海关监管的建议""分报告三　槟城、新加坡、中国香港自由港发展比较研究""分报告四　新加坡自由港海关监管制度""分报告五　中国香港自由港海关监管制度"。

课题组建议在海南设立海关监管特区[①]，以支持自由贸易港大胆创新、提升竞争力。加快探索建设中国特色自由贸易港进程，从国际经验来看，要明确自由贸易港的海关监管性质和定位，并以此为基础推进海关监管制度的创新和突破。设立海关监管特区，为自由贸易港的海关监管创新提供了试验场，从性质和定位上看具有较大的包容性和调整空间，可以为先行先试、压力测试提供保障。有海关监管特区这个平台，便于学习借鉴新加坡、中国香港等自由贸易港的先进管理经验，以更加积极的姿态参与国际标准对接和国际规则博弈，探索先进的、在国际上最具竞争力的海关监管制度。

课题组认为在海关监管特区可以创新试点全域监管、分类监管、精准监管、智能监管，探索建立与高水平自由贸易港相适应的海关监管制度。具体来说，在自由贸易港海关监管特区试行全域监管模式，海关执法不局限于口岸，进一步加大边境后执法力度。实现货物分类管理，根据自由贸易港货物的不同流向，在保留不同货物状态的同时打通内外贸。全面试行精准监管，在海关现有的企业信用管理基础上，全面建立海关对企业和自然人的信用管理制度，并借助科技手段强化风险管理，实现精准布控。探索开展智能监管，按照供应链无缝衔接的海关顺势监管思维，探索"验放自动化、监控远程化、通关零等待、物流无干扰"的即时通关模式。

课题组就海南高水平开放、高质量发展提出了可以落地见效的措施建议。例如，围绕国际旅游消费中心建设，课题组提出了下面这些建议：优化消费品离岛免税、离境退税政策，加大吸引消费回流。创新会议、会展和赛事、文化产品保税监管模式，对海南自驾游进境游艇实施免担保政

---

[①] 《海南自由贸易港建设总体方案》提出的是建设全岛封关运作的"海关监管特殊区域"。但课题组研究时总体方案尚未出台，所以出现叫法不一致的情况。为体现当时的研究思路，下文全部使用"海关监管特区"一词。

策，租赁进口游艇给予差别化担保，允许保税仓游艇出仓试乘试驾，实行邮轮母港智能化通关模式，完善船用保税燃、物料供应监管。促进医疗旅游和医药产业发展，打造"保税医院"新模式等。支持跨境电商贸易业态发展，丰富赴海南进行消费旅游、医疗旅游等旅客购买相关物品的方式。

课题组主张在海关监管制度建设上分步骤、分阶段探索，做好压力测试和风险防控。一是做好监管准备，支持零关税压力测试。重点区域率先试点，国家确定的主导产业先行一步，积极开展零关税的压力测试，海关对减免税货物实施监管。二是落实总体国家安全观，加强风险防控体系建设。借鉴香港海关的做法，在海南先行先试，探索开展全岛缉私等执法活动，更好地维护自由贸易港的秩序和安全，加强海关依职权保护知识产权的力度，不断完善海关信用管理制度。三是分步骤、分阶段实现具体目标。从2020到2025年，是探索起步阶段，力争海南跨境贸易营商环境分项指标达到新加坡的水平（第45位）。从2025到2035年，是完善阶段，力争海南跨境贸易营商环境分项指标达到中国香港的水平（第27位）。①

### 三、"管得住"才能"放得开"，研究提出能够实现有效监管的自由贸易港海关监管建议方案

在海关监管制度研究成果的基础上，课题组继续开展了对海关监管实施方案的研究，针对海关如何实现有效监管、防范各类风险，对拟订海南自由贸易港海关监管方案提供了建议。课题组形成了《关于海南自由贸易港海关监管的建议方案》《关于海南自由贸易港海关监管实施方案的研究报告》和两篇分报告，即"分报告六　新加坡自由港如何实现有效监管""分报告七　迪拜自由港有效监管经验"。

探索建设自由贸易港过程中，如何增强底线思维意识，有效防控国门安全风险，始终是不容忽视的挑战。课题组认为，"管得住"才能"放得开"，"管"的能力和"放"的空间是成正比的。课题组希望逐步将海南岛全岛打造成海关监管特区，实现分线管理、人货分离、通道式管理、岛

---

① 世界银行发布的《2019年营商环境报告》共采用11项分指标来评价各经济体营商环境，跨境贸易营商环境分指标是其中一项。根据《2019年营商环境报告》，新加坡在跨境贸易营商环境分指标上排名第45位，中国香港排名第27位。

内货物按状态分类监管，使海关监管特区更好地发挥海关职能作用，全面推进综合治理、协同治理，强化进出境安全准入管理，有效防控各类风险。

课题组的基本思路有六条，并按照这样的思路设计了海南自由贸易港海关监管的建议方案。

一是明确海关监管特区定位，试行全域监管。明确海南自由贸易港的海关监管特区定位，实行比现行海关法中"海关特殊监管区域"更加优惠的政策。参照世界海关组织《经修订的京都公约》[①]专项附约四（第二章"自由区"），海关对于海南自由贸易港试行全域监管。

二是落实反走私综合治理责任制，确保环岛岸线天然屏障"管得住"。根据海南四面环海特点，依托环岛岸线天然屏障，构建"大协同、多锁链、群防群治"的反走私综合治理体系。海关在对外开放口岸加强对运输工具、货物、物品的进出境监督管理，在设关地完善对海南自由贸易港与中华人民共和国关境内其他地区之间的进出通道（以下简称"进出岛通道"）的监管。海南省政府切实承担起海南反走私综合治理领导责任，形成军警民联防、多部门协同、群防群治的反走私工作机制，让非设关地走私无处遁形。建立环岛监控系统，加强环岛巡查，实现进出岛信息管理系统、社会管理信息化平台与各部门专业管理平台的互联互通、信息共享，在大数据分析和风险管理基础上，从协调、感知、干预等方面不断优化流程，创新监管，健全法治，确保有效监管、风险可控。

三是全岛封关验收后，海关按"一线放开、二线高效管住"原则实施分线管理。海南自由贸易港与境外之间的口岸设立为"一线"管理。进出岛通道设定为"二线"管理。对从境外进入海南的货物，除实施禁限负面清单管理以及不予免税货物清单管理之外，不实行进出口配额、许可证件管理，免征进口关税。

四是"二线"实施进出岛通道式管理，确保双向打通。全岛封关验收

---

[①] 海关合作理事会于1973年5月18日在日本京都召开第41/42届年会，通过了《关于简化和协调海关业务制度的国际公约》，即《京都公约》，并于1974年9月25日生效。1999年6月26日，海关合作理事会在比利时布鲁塞尔召开会议，对该公约部分条款作出了修改，即《经修订的京都公约》。

后，在设关地根据实际需求开设若干进出岛通道（区分申报通道和无申报通道），便于海南自由贸易港与中华人民共和国关境内其他地区之间的人员、货物及车辆进出，在确保有效监管、风险可控的前提下，实现通得快、通得好。同时，落实中央关于加快建设全国统一大市场的要求，对"二线"进出的人员、货物及车辆，大多数情况下可选择无申报通道（需要入岛退税和出岛征税的除外），确保海南在跟国际打通的同时，又和我国关境内其他地区打通。

五是岛内货物按状态分类监管，自由流转。海关根据货物的不同状态，依托电子账册实施分类监管，既确保对不同状态货物实施有效监管，又保证岛内货物自由中转、存放、加工、交易，即各种状态货物的并存和转换。同时，强化事中事后监管，在海关现有的企业信用管理基础上，全面建立海关对企业和自然人的信用管理制度，落实好联合激励和联合惩戒制度，促进企业和自然人的守法自律。

六是打造智慧海关，实施精准监管、智能监管。发挥电子口岸优势，实施以数字比对与可视监控相结合的网上监管，建立基于大数据的风险管理体系。依托海南进出岛信息管理系统、社会管理信息化平台等，根据海关监管所需的信息，部署智能监管终端，通过"人在做、天在看、云在算"，确保智慧海关建设与海南自由贸易港建设进程同频共振。

课题组注重具体实施过程中"早期收获"的带动，因为有显示度和影响力的实际成效，能够提振投资者和大众对海南自由贸易港建设的信心。2025年之前，依托三大功能平台，积极支持海南自由贸易港开展压力测试。率先在洋浦保税港区实施"一线放开、二线高效管住"，促进货物贸易发展；率先在博鳌乐城探索实施促进医疗服务业发展的政策制度；进一步完善岛内免税购物政策，促进国际旅游消费中心建设。通过定向施策，大力支持旅游业、现代服务业和高新技术产业发展，力求取得有显示度和影响力的实际成效，发挥"早期收获"的带动作用。同时，推进海关治理体系和治理能力现代化，促进全社会守法自律意识的提升，逐步构建"管得住"的风险防控体系，坚决守住不发生系统性、区域性风险的底线，在"管得住""放得开"基础上实现2025年全岛封关运作。

《中华人民共和国国民经济和社会发展第十四个五年规划和2035年远

景目标纲要》明确,"稳步推进海南自由贸易港建设""初步建立中国特色自由贸易港政策和制度体系"。2020年以来《海南自由贸易港建设总体方案》《海南自由贸易港法》相继公布,海南自由贸易港建设蓬勃开展。发布实施企业和个人所得税优惠、高端紧缺人才清单管理办法、放宽市场准入若干特别措施等政策。发布关于进口原辅料、进口交通工具及游艇、进口自用生产设备的三张"零关税"清单,并落地实施。洋浦港集装箱年吞吐量突破百万标箱,国际船舶登记有序开展。自由贸易港知识产权法院正式办公。滚动推进先导性项目。全球动植物种质资源引进中转基地完成首单业务。社会管理信息化平台初具全天候、实时性实战能力。审视现在,海南自由贸易港建设不断实现新突破,正在朝着既定目标迈进。展望未来,海南自由贸易港前景光明,大有可为!

# 目 录

## 上篇 海南自由贸易港海关监管制度研究

**关于自由贸易港海关监管制度的专题研究报告** ………… 3
 一、海关在探索建设中国特色自由贸易港进程中面临的机遇和挑战 ……… 3
 二、设立海关监管特区是加快探索建设中国特色自由贸易港进程的突破口
  和试验场 …………………………………………………………………… 6
 三、自由贸易港海关监管特区的设计思路 ………………………………… 9
 四、自由贸易港海关监管特区的监管特色 ………………………………… 10
 五、依托海关监管特区支持自由贸易港建设的措施建议 ………………… 12
 六、海关监管特区的先行先试、风险防控措施建议 ……………………… 17
 七、关于分步骤、分阶段探索的建议 ……………………………………… 21

**分报告一 自由港新加坡力促开放型经济创新发展** ………… 28
 一、培育自由港的后天优势 ………………………………………………… 28
 二、激发市场主体的创新活力 ……………………………………………… 32
 三、致力于提升研究、创新能力 …………………………………………… 34

**分报告二 海南地方政府、企业关于自由贸易港海关监管的建议** … 38
 一、企业越来越注重业务效率，对贸易便利化产生了更高的需求 ………… 38
 二、企业为了更自由地开展业务，迫切期待更好地发挥海关特殊监管
  区域的作用 ………………………………………………………………… 39
 三、企业感到税负压力较大，对扩大进口减免税优惠和完善保税政策寄予
  厚望 ………………………………………………………………………… 40
 四、企业在进出口上面临较多许可或配额限制，在放宽不必要限制方面
  有强烈诉求 ………………………………………………………………… 41

五、在医疗健康、离岛免税购物、邮轮游艇等海南特色产业和业务上，
  企业盼望更为宽松优惠的政策 ………………………………… 42
六、在海南的口岸和码头建设发展上，相关企业和政府部门希望得到海关
  支持 ……………………………………………………………… 43

**分报告三　槟城、新加坡、中国香港自由港发展比较研究** ……… 45
  一、槟城自由港，时间停止在 1969 年 ……………………………… 46
  二、新加坡自由港，向全球创新中心迈进 ………………………… 46
  三、中国香港自由港，背靠祖国、面向世界的桥头堡 …………… 53

**分报告四　新加坡自由港海关监管制度** …………………………… 61
  一、新加坡海关组织全、历史久、执法依据完善 ………………… 61
  二、新加坡进口环节的税负较低 …………………………………… 63
  三、新加坡海关对进出口货物的监管程序 ………………………… 67
  四、智能化集成服务和高标准服务 ………………………………… 73
  五、新加坡海关维护贸易安全 ……………………………………… 74
  六、通过 TradeFIRST 统一管理各种便利项目 …………………… 76

**分报告五　中国香港自由港海关监管制度** ………………………… 78
  一、货物监管 ………………………………………………………… 78
  二、旅客通关 ………………………………………………………… 84
  三、便捷通关计划 …………………………………………………… 86
  四、知识产权保护 …………………………………………………… 87

# 下篇　海南自由贸易港海关监管实施方案研究

**关于海南自由贸易港海关监管的建议方案** ………………………… 95
  一、总体要求 ………………………………………………………… 95
  二、基本思路 ………………………………………………………… 96

三、实施要点 …………………………………………………… 98
四、封关运作前支持起步区发展的先行监管方案 …………… 103
五、分阶段、分步骤构建海南自由贸易港海关监管制度 …… 107

## 关于海南自由贸易港海关监管实施方案的研究报告 ………… 112
一、海南自由贸易港海关监管可能面临的主要风险 ………… 112
二、海关监管实施方案研究过程中的难点问题 ……………… 114
三、可资借鉴的做法和经验 …………………………………… 118
四、监管实施方案的设计思路 ………………………………… 123
五、充分发挥"早期收获"的带动作用 ……………………… 129

## 分报告六 新加坡自由港如何实现有效监管 …………………… 138
一、健全法律法规体系并有力执行，为有效监管提供良好的法治环境 … 138
二、加强协同治理，维护贸易安全 …………………………… 141
三、建强设施并完善流程，在口岸进行有效监管 …………… 144
四、强化海关稽查和企业信用管理，促进企业合规自律 …… 148
五、实施严格的出入境检验检疫，保障人民健康 …………… 150

## 分报告七 迪拜自由港有效监管经验 …………………………… 164
一、迪拜自由港面临的机遇和挑战 …………………………… 165
二、迪拜对自由港的监管 ……………………………………… 167
三、迪拜海关对自由港的监管 ………………………………… 171

# 海南自由贸易港海关监管制度研究

上 篇

# 关于自由贸易港海关监管制度的专题研究报告

自由贸易港建设是推动海南成为新时代全面深化改革开放新标杆的难得机遇，同时也对海南风险防控体系建设提出更高要求。本报告建议在海南设立海关监管特区，作为加快探索建设中国特色自由贸易港进程的突破口和试验场，创新试点全域监管、分类监管、精准监管、智能监管，探索建立与高水平自由贸易港相适应的海关监管制度。同时，就海南高水平开放、高质量发展提出了可以落地见效的措施建议。

**一、海关在探索建设中国特色自由贸易港进程中面临的机遇和挑战**

习近平总书记指出，"党中央对海南改革开放发展寄予厚望，最近研究制定了《关于支持海南全面深化改革开放的指导意见》，赋予海南经济特区改革开放新的重大责任和使命，也为海南深化改革开放注入了强大动力。这是海南发展面临的新的重大历史机遇。""自由贸易港是当今世界最高水平的开放形态。海南建设自由贸易港要体现中国特色，符合中国国情，符合海南发展定位，学习借鉴国际自由贸易港的先进经营方式、管理方法。"从国际经验看，海关在自由贸易港建设进程中，均有着极其重要的地位和作用。探索建设中国特色自由贸易港，对海关来说，既是大有可为的历史机遇，也意味着前所未有的现实挑战。

**（一）大有可为的历史机遇**

一是海关提高政治站位、坚持政治建关的实践机会。海南全面深化改革开放，全岛建设自由贸易试验区，逐步探索、稳步推进中国特色自由贸易港建设，是习近平总书记亲自谋划、亲自部署、亲自推动的重大国家战略。海关必须牢牢把握政治机关定位，始终将政治建设摆在首位。习近平总书记加快探索建设中国特色自由贸易港进程的要求，就是我们的行动号令，必须以最坚决的态度、最迅速的行动、最有力的措施，确保落实落细。这是海关不断提高政治站位的重要实践机会。

二是在国家重大战略中更好地发挥海关职能作用的有效切入点。海南是我国最大的经济特区，是相对独立的地理单元，是21世纪海上丝绸之路战略支点，是我国面向太平洋和印度洋的主要开放门户，是连接东北亚和东南亚的区域中心。海关支持海南探索建设自由贸易港，也就是在服务"一带一路"建设、泛南海经济合作、建设海洋强国等重大战略中，更大地、更加积极主动地发挥职能作用的切入点。

三是海关在促进高水平开放、高质量发展方面走在前列、探索新路的重要抓手。探索建设中国特色自由贸易港，既意味着我国开放的大门越开越大，也意味着我国力促开放型经济创新发展。海南自由贸易港不以转口贸易和加工制造为重点，而以发展旅游业、现代服务业和高新技术产业为主导，更加强调通过人的全面发展，充分激发发展活力和创造力，打造更高层次、更高水平的开放型经济。海关处于改革开放最前沿，如果能够勇立潮头，大胆闯试，创新突破，在支持自由贸易港建设中就有可能走在前列、开拓新路。

四是打造先进的、在国际上最具竞争力的海关监管体制机制，优化营商环境的难得契机。探索更加灵活的政策体系、监管模式和管理体制，打造开放层次更高、营商环境更优、辐射作用更强的开放新高地，是自由贸易港建设的题中应有之义。对标国际先进水平，首先就是能否打造先进的、在国际上最具竞争力的海关监管体制机制，强化进出境安全准入管理，促进贸易投资的自由化和便利化，推动跨境贸易营商环境指标跻身世界前列。国家机构改革、关检融合后，新海关在探索建设自由贸易港进程中，正好大显身手，在打造先进的、在国际上最具竞争力的海关监管体制机制，优化营商环境方面先行一步，率先突破。

### （二）前所未有的现实挑战

**1. 推动海南开放型经济创新发展，任重而道远**

海南省因改革开放而生，也因改革开放而兴。建省办特区30多年来，海南由一个边陲海岛发展成为我国改革开放的重要窗口。但是与国内其他沿海开放地区相比，特别是对标国际先进水平，海南省开放发展相对不足（参见附录1：2019年中国海南省、中国香港、新加坡部分经济指标比较）。在这样的条件下,如何借鉴国际经验(参见"分报告一 自由港新加坡力促开放型经济创新发展"),如何通过探索建设自由贸易港,有效促进海南开放型经济创新发展,仍是摆在海关面前的重大课题。

一是外贸发展仍有较大空间。海南省 2019 年货物贸易进出口总额为 131.53 亿美元,仅占全国货物贸易进出口总额(45761.26 亿美元)的 0.29%。① 海南省的货物贸易进出口总额也远低于中国香港和新加坡,2019 年中国香港的货物贸易总额达 11127.21 亿美元,新加坡的货物贸易总额达 7500.29 亿美元。②

二是旅游消费的国际化程度有待提升。2019 年,海南省接待游客 8311.20 万人次,其中入境游客仅 143.59 万人次,占接待游客总数的 1.73%。③ 而根据新加坡旅游局的数据,2019 年新加坡入境旅客 1912 万人次,约为同年我国海南省入境游客人次的 13 倍。

三是创新驱动发展的潜力尚待充分发挥。海南的高新技术产业有很大发展空间,2019 年高新技术产品出口额为 44.86 亿美元,仅占全国高新技术产品出口额(7307.14 亿美元)的 0.61%。④ 研发投入强度方面,2019 年,海南省研发支出占 GDP 比例为 0.56%,明显低于 2.23% 的全国平均水平;中国香港和新加坡该比例分别为 0.93%、1.89%,均明显高于海南省。⑤

**2. 如何有效防控风险是不容忽视的挑战**

海南发展经验已经证明,"管得住"才能"放得开"。在探索建设自由贸易港过程中,如何增强底线思维意识,有效防控国门安全风险,始终是不容忽视的挑战。中发〔2018〕12 号文件也有明确要求:"优化海关监管方式,强化进出境安全准入管理,完善对国家禁止和限制入境货物、物品的监管,高效精准打击走私活动。建立检验检疫风险分类监管综合评定机制。"海南在经济体制改革和社会治理创新等方面先行先试,不可避免会面临这样或那样

---

① 资料来源:海关总署统计月报。本书选择了按收发货人所在地的划分方法,百分比是根据其中数据计算而来。
② 资料来源:世界贸易组织数据库。
③ 资料来源:《海南统计年鉴 2020》,百分比是根据其中数据计算而来。
④ 资料来源:《海南统计年鉴 2020》《中国统计年鉴 2020》,百分比是根据其中数据计算而来。
⑤ 资料来源:《海南统计年鉴 2020》《中国统计年鉴 2020》,以及世界银行数据库。

的风险挑战。一是法律法规风险。目前，中央各部委、海南地方政府都在中国特色自由贸易港建设方面积极探索，但缺乏必要的法律和行政法规等上位法支撑。伴随着新业态、新模式的不断发展，某些规章制度已适应不了日常工作的需求，针对性不强。二是监管模式风险。新商业模式和物流模式的不断发展，海南不以转口贸易和加工制造为重点，而以发展旅游业、现代服务业和高新技术产业为主导，更加强调通过人的全面发展，充分激发发展活力和创造力，对海关现有的海关特殊监管区域、自由贸易试验区等监管模式提出了挑战。三是生物安全风险。随着自由贸易港构建对外开放新高地，来自世界各地的人员、特殊物品、动植物及其产品的跨境流动增多，可能会增加对我国生物安全的潜在威胁。必须建立相应的对策和预案，有效应对各类风险挑战。

### 3. 积极稳妥地响应各方诉求的现实挑战

中央决定在海南探索建设自由贸易港之后，社会各方面高度关注，提出了各种各样的设想和建议，反映了市场经济条件下各种利益主体的多元化诉求。在这次自由贸易港课题调研中，课题组也面对面听取了地方政府、研究机构以及企业对海关监管的意见和建议（参见"分报告二　海南地方政府、企业关于自由贸易港海关监管的建议"）。中发〔2018〕12号文件要求："根据国家发展需要，逐步探索、稳步推进海南自由贸易港建设，分步骤、分阶段建立自由贸易港政策体系。"海关如何切实转变职能及其实现方式，加快推进海关治理体系和治理能力的现代化，将各方面的积极性保护好，主动响应各方诉求，形成开放发展合力，就是极为现实的挑战。同时，按照国家的统一部署，努力做到顶层设计和基层首创精神的结合，分清主次和轻重缓急，积极稳妥地响应各方诉求，更是对海关工作的创造性、针对性和实效性提出了更高要求。

## 二、设立海关监管特区是加快探索建设中国特色自由贸易港进程的突破口和试验场

习近平总书记指出："海南要坚持开放为先，实行更加积极主动的开放战略，加快建立开放型经济新体制，推动形成全面开放新格局。"加快探索建设中国特色自由贸易港进程，必须落实"坚持开放为先"要求，尽快找到更加积极主动开放的突破口和试验场，打造当今世界最高水平开放形态的政策平

台和法律载体。课题组认为,明确自由贸易港的海关监管特区性质和定位,是既大胆探索又脚踏实地的选择。

### (一) 设立海关监管特区,具有突破口作用

加快探索建设中国特色自由贸易港进程,从内外贸、投融资、财政税务、金融创新、出入境等方面,诸多选项均可以破题。但是,从哪里突破,对于自由贸易港探索而言,可以牵一发而动全身呢?从国际经验来看,首先就是要明确自由贸易港的海关监管性质和定位,并以此为基础推进海关监管制度的创新和突破。目前,海南是我国最大的经济特区,但就全省而言,尚不是海关监管特区。如能明确海南全省为海关监管特区的性质和定位,实施比现行海关法中"海关特殊监管区域"更加优惠的政策(国务院批复平潭综合实验区时,曾明确"在现有海关特殊监管区域政策的基础上,实施更加优惠的政策"),海关监管制度与惯常做法相比也有明显的不同,这将极大地推进中国特色自由贸易港的探索进程,并且带动其他各方面的探索和突破。需要说明的是,设立海关监管特区,在性质上与我国港澳台等"单独关税区"(分别都有专门的海关法规和关税税则)不同,是在我国海关法实施范围内的一种特殊监管制度安排。另外,考虑到海南省陆地面积达3.54万平方千米,既有城市,又有广大农村,不可能将全省建成类似综合保税区的海关特殊监管区域,因此,海关监管特区难以与海关特殊监管区域画等号。

### (二) 设立海关监管特区,可以为分步骤、分阶段建立自由贸易港政策体系提供试验场

首先,设立海关监管特区,为自由贸易港的海关监管创新提供了试验场。探索自由贸易港的海关监管制度创新,不限于综合保税区等海关特殊监管区域的一般做法,不拘泥于现有平潭综合实验区、横琴新区海关监管(参见附录2:平潭综合实验区、横琴新区海关监管的部分规定)以及自由贸易试验区海关监管,是在有效监管基础上的最低限度干预,必须在新形势、新要求下,重新进行监管制度设计。

其次,设立海关监管特区,从性质和定位上看,具有较大的包容性和调整空间,便于我国在内外贸、投融资、财政税务、金融创新、出入境等方面,分步骤、分阶段地探索更加灵活的政策体系、监管模式、管理体制,不追求

最后，设立海关监管特区，可以为先行先试、压力测试提供试验场保障。海南坚持开放为先，必然在对外开放方面有大量突破性的先行先试。海关监管特区便于考验承受力、耐受力，在压力测试、风险测试的同时，将不确定因素、不可预知影响控制在一定范围内，发挥试验场保障功能。

### （三）设立海关监管特区，打造对标国际最高水平的开放平台

海南作为 21 世纪海上丝绸之路战略支点，我国面向太平洋和印度洋的主要开放门户，连接东北亚和东南亚的区域中心，迫切需要一个高水平的对外开放平台。设立海关监管特区，就是打造这样一种既对标国际最高水平，又可以迅速落地见效的开放平台。

一是便于对标国际最高水平，学习借鉴新加坡、中国香港等自由贸易港在货物自由进出、进口环节税收、通关管理方式、贸易便利化等方面的经验和做法（参见"分报告三　槟城、新加坡、中国香港自由港发展比较研究""分报告四　新加坡自由港海关监管制度""分报告五　中国香港自由港海关监管制度"）。

二是在更高层次参与国际经贸合作和竞争。进入 21 世纪以来，数字贸易、跨境电子商务、知识产权保护、环境保护等议题越来越受重视。《全面与进步跨太平洋伙伴关系协定》（CPTPP）、美国—墨西哥—加拿大协定（USMCA）、日欧经济伙伴关系协定（日欧 EPA）等，均有相当多的条款属于上述非传统议题，对新型全球化的塑造势必产生不可低估的影响。通过设立海关监管特区，可以建立区域范围明确、面积足够大的一块"试验田"，以更加积极的姿态参与国际标准对接和国际规则博弈。

三是探索海关监管新路，提升中国海关在国际舞台上的话语权。近些年来，中国海关在引领国际海关规则方面的作用越来越大。在探索建设中国特色自由贸易港进程中，通过设立海关监管特区，在参考借鉴国际先进管理经验基础上，大胆探索海关监管新制度、新做法、新经验，可以走出一条新路，为其他海关，尤其是发展中国家海关提供示范引领，进一步增强中国海关的国际话语权。

### （四）设立海关监管特区，可以为中国特色自由贸易港的立法工作提供载体

世界主要自由贸易港均通过法律对自由贸易港的范围、性质以及海关监

管制度等进行明确（参见附录3：新加坡海关和中国香港海关职能、机构设置及执法依据）。2019年3月，十三届全国人大二次会议批准启动海南自由贸易港法立法相关工作，海南自由贸易港法正式提上国家立法日程。设立海关监管特区，便于明确自由贸易港的法律地位、性质、管理体制和运作模式，为中国特色自由贸易港的立法工作提供现实载体。

### 三、自由贸易港海关监管特区的设计思路

#### （一）总体要求

落实习近平总书记"抓紧研究提出海南分步骤、分阶段建设自由贸易港政策和制度体系，加快探索建设中国特色自由贸易港进程"要求，体现中国特色，符合海南发展定位，学习借鉴国际自由贸易港建设经验，不以转口贸易和加工制造为重点，而以发展旅游业、现代服务业和高新技术产业为主导，更加强调通过人的全面发展，充分激发发展活力和创造力，打造更高层次、更高水平的开放型经济。

#### （二）设计原则

坚持开放为先。按照先行先试、风险可控、分步推进、突出特色的原则，建立海关监管特区，突出制度创新，体现特区特色，优化营商环境，推动海南开放型经济创新发展。

坚持先行先试。抓住机遇，开拓创新，勇于实践，围绕中国特色自由贸易港海关监管的重要领域和关键环节深化改革开放，在创新发展理念、破解发展难题、提高发展质量方面率先取得突破。

坚持风险可控。落实总体国家安全观，履行国际公约要求，严格执行国家禁止及限制进出口货物、物品规定，强化检验检疫管理，坚决守住风险底线。

坚持分步推进。围绕自由贸易港2025年、2035年重要目标，加快中国特色自由贸易港建设进程，让海南争创新时代中国特色社会主义生动范例。

坚持突出特色。探索设立突出中国特色、符合中国国情、符合海南发展定位的海关监管特区，同时借鉴国际先进经验，高标准、高起点推进自由贸易港建设，不断丰富理论成果，积累实践经验。

### (三) 设计思路

**1. 战略导向**

围绕中央关于海南"三区一中心"的战略定位，紧贴海南发展实际，推进海关监管特区的制度创新。

**2. 双向打通**

既适应把海南打造成为我国面向太平洋和印度洋的重要对外开放门户的要求，又满足中央关于加快建设全国统一大市场的要求，在跟国际打通的同时，又和中华人民共和国关境内其他地区（以下简称"内地"①）打通，不将海南与国内其他市场相区隔。

**3. 对标国际**

自由贸易港是当今世界最高水平的开放形态。既要学习借鉴新加坡、中国香港等自由港的海关监管经验和做法，还要立足国情，创新创造，大幅改善跨境贸易营商环境，以制度、规则、标准的衔接，促进"一带一路"建设的"软联通"。

**4. 创新驱动**

贴近海南以高水平开放推动高质量发展的实践，坚持科技引领，加快建设具有国际先进水平的国际贸易"单一窗口"等信息化平台，打造智慧海关，实现精准高效监管，有力支持海南增强开放型经济的活力和创新力。

**5. 压茬推进**

既与海南全境建设自由贸易试验区政策相衔接，又充分考虑国家可能赋予自由贸易港的先行先试政策，做好压茬推进准备，让政策在海南接得住、落得了地。

**6. 安全至上**

落实总体国家安全观，严守国门安全，强化反恐、"扫黄打非"及口岸公共卫生安全、产品质量安全、国门生物安全等保障。

### 四、自由贸易港海关监管特区的监管特色

海关监管特区，"特"在何处？关键在于全面确立顺势监管思维，打造智

---

① 《中华人民共和国海南自由贸易港法》《海南自由贸易港建设总体方案》等都将中华人民共和国关境内的其他地区简称"内地"。

慧海关监管模式，实现嵌入式管理、触发式监管、泛在化服务。突出体现在4个方面：全域监管、分类监管、精准监管、智能监管。

一是试行全域监管模式。海南自由贸易港，既是生产生活区，又是旅游消费区，城市、乡镇、农村融为一体，而且不以转口贸易和加工制造为重点，而以发展旅游业、现代服务业和高新技术产业为主导。所以，仅靠口岸执法等传统方式，难以对海南自由贸易港实现有效监管。考虑到国际上开放制度设计由"边境上措施"向"边境后措施"延展是发展趋势，可以参考借鉴中国香港、新加坡等海关的做法，在自由贸易港海关监管特区试行全域监管模式，海关执法不局限于口岸，而在贸易安全、知识产权保护等诸多领域，进一步加大边境后执法力度。

二是实现货物分类管理。从制度体系看，目前我国海关围绕"一线"和"二线"对口岸货物、保税货物、国内货物已形成相对成熟的管理制度。自由贸易港内高度自由，就是要实现货物的自由中转、存放、加工、交易，实际上就是各种状态货物的并存和转换。目前，自由贸易试验区已经实现仓储条件下各类货物的并存，自由贸易港可以更进一步，根据自由贸易港跨岛（面向国内市场）流向、跨境（面向境外市场）流向、先入境后出岛、先进岛后出境四种流向，在保留不同货物状态的同时打通内外贸的局限，构建统一开放大市场。

三是全面试行精准监管。对于海南自由贸易港，海关既不能如在口岸监管场所那般实行卡口人工验放等干预措施，也难以像在综合保税区等海关特殊监管区域实行驻点实时监管方式。要在海关现有的企业信用管理基础上，全面建立海关对企业和自然人的信用管理制度，落实好联合激励和联合惩戒制度，促进企业和自然人的守法自律。同时，学习借鉴风险管理的国际通行做法，借助科技手段，实现精准布控，最大限度地减少对市场主体经济行为的干扰，让守法者感觉不到海关的存在，令违法行为无处遁形、寸步难行。

四是探索开展智能监管。按照供应链无缝衔接的海关顺势监管思维，探索"验放自动化、监控远程化、通关零等待、物流无干扰"的即时通关模式。加强图像识别（人脸识别、车牌识别等）、智能机器人等人工智能技术的应用，推行非侵入式查验，减轻关员压力，提高业务效率。

关于自由贸易港智慧海关监管模式的实现方式，可以设想如下：

一是应用大数据、云计算、人工智能等技术，促进《海关全面深化业务改革 2020 框架方案》在海南全境加快落实。充分利用海南"三大"大数据基础平台（全省统一的信息共享交换平台、政务大数据公共服务平台、政务数据开放平台），积极融入平台建设，通过管理机构、监管部门和企业间信息共享，并结合海关监控和无人机提供的信息，完善大数据的收集。同时探索通过物联网与企业、运输工具等连接，使数据获取更加全面和及时。依托海南电子口岸，融合企业 ERP 信息、合同交易信息、承运人运输信息、港口吊装信息、存储和理货信息、银行支付信息等，形成大数据，进行嵌入式管理。

二是探索电子围网和巡查相结合的管理。在充分借助海南大数据平台，利用原有"天网监控系统"的基础上，适应海南海岸线地理特点、港口和码头分布情况，依据"电子监控和环岛巡查相结合"的原则，在海南本岛及其他岛屿周边设立环岛电子围网，并进行环岛巡查。设立监控点及高清探头，实行"点线结合，水陆兼顾"，全天候、全覆盖，自动预警、智能监控，以天网和电子围网代替铁丝网。可率先在博鳌乐城国际医疗旅游先行区、崖州湾科技城、海口江东新区临空产业园等地实行。加强无人机辅助海关监管。采用无人机对原有信息化围网的盲区进行全方位的清扫，对自由贸易港的监管盲区或重点区域进行日常巡逻和应急处理，对走私违法行为实现有效预防和监管。实现对自由贸易港空域、地面、海面的三维智慧监管。

三是在自由贸易港提供泛在化服务。利用多样化的信息服务支持手段，为企业和旅客提供无所不在的服务入口，使其感受到实实在在的便利。不断完善海关服务网站，保持热线电话畅通，开发办事现场的自助式服务机，优化手机、平板电脑甚至车载电脑等各种移动终端上的应用程序和自媒体入口，使企业和旅客能够随时随地与海关进行交互。

**五、依托海关监管特区支持自由贸易港建设的措施建议**

**（一）完善、精简进出口禁限目录（负面清单）**

学习借鉴新加坡和中国香港的经验和做法（参见附录4：新加坡、中国香港管制清单），在整合现有《禁止进口货物目录》《禁止出口货物目录》《进口许可证管理货物目录》《出口许可证管理货物目录》《中华人民共和国禁止进出境物品表》《中华人民共和国限制进出境物品表》等的基础上，研究形成《海南自由贸易港进出口禁限目录》。除法律法规及必须履行的国际公约禁止或限制的进出口货物、进出境物品，以及需要实施进出境检验检疫的货物和物品外，境外货物、物品可自由进出海南。整合版进出口禁限目录，可以让企业和旅客更容易了解各项有关规定，对海关服务有更好体验。

（二）针对不同流向货物，实施分类监管

围绕跨境流向、跨岛流向、先入境后出岛、先进岛后出境四种流向，按照"双向打通"（既与国际打通，又和内地打通）的思路，在分类基础上实施安全高效监管。

1. 对海南与境外之间进出货物的监管

除法律法规另有规定外，对海南从境外进口的减免税货物、保税货物实行备案管理（货物范围由有关部门决定），海关有权对货物进行跟踪监管，或要求货物存放在指定地点。对海南从境外进口的其他货物，实行简要的网上提货申报制度，即企业可选择提前申报，凭网上提交的提单概要申报即可提离货物，事后（运输工具进境14日内）网上补充提交完整申报。对于海南进出口货物，大幅度减少进出口许可证件（特别是经济调节用途的许可证件），并且全面实现监管证件联网核查。除法律法规另有规定外，从境外进入海南的实行备案管理的货物，不实行进口配额、许可证件管理。

2. 对海南与境内之间进出货物的监管

从内陆销往海南的货物，原则上按内贸货物对待。如按有关部门规定可享受出口退税政策的，则应经海关指定的通道进入海南。海关有权对这些货物进行跟踪监管，或要求它们存放在指定地点。海南本地产的货物销往内地，按国内贸易进行。

3. 对先入境后出岛货物的监管

从海南入境的减免税货物、保税货物，离开海南岛进入内地的，应经海关批准同意，并补缴关税、增值税和消费税，根据入境时的备案信息，利用大数据和物联网等技术进行监管。从海南入境的其他货物，已完成常规的进口流程，按国内贸易进行。

4. 对先入岛后出境货物的监管

内地销往海南的货物，按出口退税处理的，已经视同出口，海关根据备案信息作出口处理，完成出口流程即可；未按出口退税处理的，则进行正常的报关、退税等手续。

## （三）对进出境人员、物品实施智能高效监管

### 1. 增加对自然人的信用管理

考虑到海南国际旅游消费中心的定位以及强调人的全面发展等，应将自然人纳入海关信用管理的范围。在海关业务中收集记录旅客人员信息，并加强与政府其他部门信息共享、数据互通，建成针对自然人的信用信息库。海关结合企业信用管理的经验，积极参与各部门协作，建立完善对自然人的守信联合激励和失信联合惩戒制度。

### 2. 推动旅检智能监管

在口岸旅检现场引入智能机器人，解答常见的旅客通关问题、实时翻译、辅助行李物品随机开包抽查等。同时，还可引入先进的人脸识别技术，快速识别可疑人物，大幅度提高海关打击走私效能。推行旅检小额税款移动支付，旅客通过支付宝、微信等第三方移动支付平台，实现行李物品税款自助缴纳。

### 3. 国际旅客行李物品智能通关

改革作业流程，创新智能旅检通关新模式，在进出境托运行李100%机检全覆盖的基础上，制定后台隐形判图、提前精准布控、自动重点拦截的新型全自动化旅检作业流程。

### 4. 为高层次人才和海外科技专家工作提供便利

对高层次人才携运进境的科研、教学物品，海关一律凭人社部、教育部或者其授权部门出具的身份证明，以及高层次人才填写的《旅客申报单》现场验放。对在自由贸易港长期工作的高层次人才运进个人生活物品，海关不限制次数，每次进境均按照规定办理征、免税审批和验放手续。

## （四）促进国际旅游消费中心建设

### 1. 促进消费品离岛免税、离境退税市场发展

随着自由贸易港建设的推进，以及我国加大吸引消费回流政策的落实，离岛免税的品种范围扩大、限额提高、受惠面更广。对于免税品经营企业进口的离岛免税商品，海关强化动态监测分析，实行验放分离为核心、通关放行"零等待"、后续监管"多查合一"的模式。同时，加强与税务部门的联系和配合，支持离境退税业务做大做强。

### 2. 创新会议、会展和赛事、文化产品保税监管模式

对在海南举办的国际一流赛事及高规格会议会展所需进境物资实行报备制和免担保。支持保税文化产业发展，探索文化产品保税监管新模式，促进文化艺术、数字出版、动漫游戏、艺术品交易等文化业务发展。允许在特定场所开展面向全球的保税文化艺术品展示、拍卖、交易业务。建立健全常态化展示展销，吸引更多的全球惠民消费品、先进制造业、文化产品及服务业从海南进入国内市场。

### 3. 创新游艇监管模式

利用海南省游艇综合监管电子信息平台，推动相关监管部门协同管理。对海南自驾游进境游艇实施免担保政策，租赁进口游艇给予差别化担保。允许保税仓游艇出仓试乘试驾。

### 4. 完善邮轮母港智能化通关模式

允许旅客在柜台办理登轮手续时对大件行李进行托运，实现小件行李随身携带、大件行李托运的分离过关。依托码头行李分拣线，分离正常旅客行李与高风险旅客行李，方便正常旅客快速通关，并通过码头验票闸口引导被布控行李所属旅客前往查验台查验，提高查验效率和通行效能。

### 5. 优化船用保税燃、物料供应监管

允许保税燃料油的供应使用"先供船后报关"的通关方式；允许"一船多供"，一艘供油船在一个航次中可为多艘国际航行船舶供应保税燃料油。口岸海关监管部门可依据保税物料的出库记录对供船物料开展检查。

### 6. 促进医疗旅游和医药产业发展

建立生物医药研发用特殊物品风险分级管控体系。探索跨境生物医药研发外包保税监管试点，支持保税状态下的试剂、样品、材料进行全程实验研发作业。打造"保税医院"新模式，促进生命健康产业创新发展，推动产业链、价值链、供应链的深度重构。

### 7. 支持跨境电商贸易业态发展

海南发展跨境电商，可以丰富赴海南进行消费旅游、医疗旅游等旅客购买相关物品的方式。支持海南开展保税备货、境内交付模式的跨境电商保税展示业务，试点网购保税商品"线下自提"。保税电商商品与保税仓储货物同仓存储、账册互转。统筹开展网购保税进口商品和其他保税货物仓储。在满足监管证件要求的前提下，网购保税进口商品和进境保税货物可以进行互转。

## (五) 大力推进自由贸易港内重点区域的监管创新

### 1. 支持洋浦港打造"国际陆海贸易新通道"战略支点

(1) 与洋浦港辐射区域的沿线国家(地区)海关加强在自由贸易协定项下的制度对接、交流合作、技术磋商,制定便利合法贸易的海关监管措施。

(2) 聚焦中国西部地区通过洋浦南行至新加坡的直航通道,以及我国沿海港口货物通过洋浦中转至东南亚的新通道,试点并推广洋浦保税港区"一线放开、二线高效管住"的货物进出境管理制度,支持洋浦港成为"国际陆海贸易新通道"的战略支点。

### 2. 促进海口依托美兰机场的临空产业园建设

支持临空产业园内先导产业和相关产业的发展,实施更优惠的措施,采用更便捷的方式,减少相关货物和旅客的通关时间,降低通关成本,使临空产业园的运输物流、商务活动等更加高效。先导产业包括运输业(客运、货运)、民航综合服务业等,相关产业包括配套服务、物流配送、商务餐饮住宿、会议会展、高新技术产业等。

### 3. 赋予博鳌乐城国际医疗旅游先行区特殊监管政策

(1) 对博鳌乐城国际医疗旅游先行区内医疗机构所进口且用于区内病患者的医疗器械及药品免征关税和进口环节税;对进口医疗器械,海关比照现行减免税货物管理模式监管;对进口药品,海关凭医疗机构处方及使用记录办理核销手续。

(2) 实行进区特殊物品(指生物制品、血液及其制品、人体组织、微生物)极简审批和快速通关,优化特许医疗器械"直通到区"通关监管模式,鼓励医疗新技术、新装备、新药品研发运用。

(3) 建设高标准的国际旅行卫生保健中心,开辟绿色通道,为到先行区诊疗的境外患者提供通关便利、优先健康检查和预防接种等服务,为境外技术人员、患者到先行区工作和就诊提供出入境、居留便利。

(4) 开展单抗类特殊物品监管模式改革。根据海南博鳌乐城国际医疗旅游先行区内企业进口低风险特殊物品需求,在保税仓库运营方明确主体责任、建立管控体系和提升应急处置能力的基础上,加强科技应用,有效防控风险,通过开展入境低风险特殊物品检疫监管模式改革,允许先行区引进的单克隆抗体药品,实施"先进仓,后检疫"的检疫监管模式。

**4. 支持南繁科研育种基地建设和全球动植物种质资源引进中转基地建设**

（1）发挥海南岛海陆隔离优势和无规定动物疫病区的作用，统筹现有资源，建设全国一流水平的进出境动植物检疫相关设施，为海南建设国家南繁科研育种基地和全球动植物种质资源引进中转基地提供保障。推动建设植物种质圃和动物原种场、优质种质基因库、全球动植物引进保护繁育研究所、全球动植物引进大数据中心和交易中心。

（2）应海南省引进国外动植物种质资源产业需要，认真做好引进马来西亚金丝燕种蛋、越南蟒蛇苗、中国台湾陆龟等物种的风险评估工作，在安全风险可控基础上开展相关检疫准入及试引种。

（3）支持海口海关搞好隔检中心建设，支持文昌植物检疫隔离圃进一步扩大生物物种资源查验、保存、研究、培训等功能。

## 六、海关监管特区的先行先试、风险防控措施建议

在做好风险防控、保障国门安全的基础上，在自由贸易港海关监管特区大胆创新，先行先试，为我国进一步扩大开放进行压力测试。

### （一）做好监管准备，支持零关税、零壁垒压力测试

从重点区域和重点产业开始，开展零关税、零壁垒的压力测试，海关按照减免税货物实施监管。

**1. 重点区域率先试点**

对于博鳌乐城国际医疗旅游先行区、洋浦经济开发区等规划重点发展的区域，可以率先试点。对于区内企业，在资本品、中间投入品的进口上，开展零关税测试。以企业为单元建立进出口货物的自动备案电子底账。适应开放型经济创新发展的需要，推进海关减免税、保税管理系统的融合，按照国家赋予进出口资本品、中间投入品的税收减免或保税政策，试行"四自一简"（企业自主备案、合理自定核销周期、自主核报、自主补缴税款、海关简化业务核准手续），便于企业统筹利用两种资源、两个市场，鼓励先进制造业延伸价值链，支持制造业服务化转型。海关按照"双随机、一公开"要求，实行企业稽查制度。

**2. 国家确定的主导产业先行一步**

对于旅游业、现代服务业和高新技术产业等国家确定的海南自由贸易港

主导产业,在开展零关税、零壁垒的压力测试方面可以先行一步。除房地产业外,海南省的12个重点产业[互联网产业、热带特色高效农业、低碳制造业、现代物流业、现代金融服务业、医疗健康产业、会展业、医药产业、海洋产业(含油气)、旅游业、教育文化体育产业、房地产业],均属于上述主导产业。

**3. 推进技术性贸易措施公共服务平台建设**

促进海南省技术性贸易措施公共服务平台建设。尤其是加大与21世纪海上丝绸之路沿线国家(地区)交流磋商力度,推动降低海南自由贸易港与这些国家和地区贸易时的技术性贸易壁垒,并为下一步推广进行压力测试。在相关自由贸易协定项下,落实海关在技术性贸易壁垒方面承担的具体执行内容。

## (二)落实总体国家安全观,加强风险防控体系建设

坚持安全至上,落实总体国家安全观,强化反恐、"扫黄打非"及口岸公共卫生安全、进出口产品质量安全、国门生物安全、金融安全等保障。

**1. 严守口岸公共卫生安全**

进一步提升口岸核心能力,提高口岸传染病防控水平,形成多部门协作的疫情疫病和有害生物联防联控局面。加强宏观风险态势分析,重点关注传染病跨境传播风险预警防控,提升风险防控覆盖面和精准度,优化作业模式和考核机制,做到精准检疫。

**2. 严守进出口产品质量安全**

完善进出口商品安全风险预警和快速反应监管体系,设计好相应配套制度,形成风险监测、评估、预警、处置和结果运用的全链条制度体系。海关在2018年与国家市场监督管理总局统一缺陷产品召回管理工作的基础上,在海南优化两部门进出口产品缺陷通报和协作机制。加快商品检验制度改革,在海南科学稳妥推进第三方检验结果采信,对于不适合采信第三方检验结果的,可制定发布具体清单。

**3. 严守国门生物安全**

健全国门生物安全预警管理制度,建立科学监测、及时预警、精准检测、高效处置的动植物检疫治理体系。提高科学化的检测监测水平,实现"检得出、检得准、检得快",具备检测疫情疫病的能力,且能及时分析出一些病毒

变异情况。加大投入力度，建设国家实验室，特别是生物安全三级实验室。实现动植物检疫检测监测全覆盖。积极创新监管手段，密切跟踪、采用高科技监管技术，充分利用我国人工智能技术领先优势，在海南大胆尝试人工智能应用。

**4. 维护国家金融安全**

运用大数据、人工智能等技术，建设跨海关、外汇、税务、金融等部门的金融风险大数据综合检测平台，加强对大额现金违规进出境的监管和打击。严厉打击超量进出境货币现钞走私违法活动，加强情报分析，加强与国际海关和相关机构的合作，争取实现相关信息共享，有效遏制大额现金违规进出境。分析研究非法贸易洗钱动向，跟踪研究利用艺术品、古董、高价值工艺品进出口贸易的洗钱动向。密切配合打击洗钱犯罪，进一步发挥好反洗钱工作部际联席会议成员单位的职能作用，积极配合反洗钱监测分析部门开展打击洗钱犯罪工作，定期将查办走私犯罪案件中发现的利用地下钱庄进行犯罪所得跨境转移、以进出口贸易掩盖非法利润等洗钱犯罪信息汇总分析，并及时通报国家反洗钱部门。

**（三）探索开展全岛缉私等执法活动**

借鉴香港海关的做法，在海南先行先试，探索开展全岛缉私等执法活动，更好地维护自由贸易港的秩序和安全。香港海关不仅在口岸上执法，还在全关境内有效地打击归其管辖的违法行为。采取双管齐下的策略，分别从供应及零售层面打击这些违法活动，执法成果显著。香港海关侦缉有组织的走私、分销及零售私烟活动，在全港打击街头贩卖、贮存及零售私烟活动；打击私油的使用、分销、制造及走私活动，打击化油厂、合成油制造中心的活动及跨境走私活动。为防止禁运物品的进出口，香港海关在香港特别行政区内进行海陆巡逻，还联同警方设立了一支海域联合特遣队，致力于打击走私活动。

建立海关执法人员行为规范，明确其职责、相应的权限和对权限的约束。推动建立"制度+科技+人力"的非设关地打私长效机制，加强与边防、海警的协作。围绕维护国家政治文化安全和社会稳定任务，对邮递、快件渠道走私毒品、武器弹药、濒危物种、文物、涉黄涉非物品及货运渠道藏匿走私毒品（含易制毒化学品）、武器弹药等违法行为开展集中打击；围绕维护经济安全、保护公平贸易、促进诚信建设，对货运渠道价格瞒骗走私电子产品、机械设备、非设关地偷运走私成品油和侵犯知识产权等违法行为予以严厉打击；围绕保护国家战略资源安全和维护宏观调控政策，防范和打击货运渠道伪报出口稀土、合金、化肥等"两高一资"产品及其他征收出口关税的国家管控商品走私；围绕保护生态环境安全和人民群众身心健康，对货运渠道伪报、藏匿走私入境废物、非设关地偷运走私废物、疫区冻品、濒危动植物及其制品、固体废物等保持打私高压态势。

### （四）加大知识产权海关保护力度

**1. 加大海关依职权保护知识产权的力度**

在海南自由贸易港先行先试，加大海关依职权保护知识产权（主动模式）的力度。探索与国家知识产权局联网，除少数不适宜进行海关保护的知识产权外，凡在国家知识产权局有备案的权利人，可以选择将相关知识产权信息自动备案到海关总署的信息系统。当然，权利人不欲在海关备案的，可以选择不自动备案。对于这些权利人未亲自向海关备案、未经海关审核的知识产权，在自由贸易港的边境上，海关同样执行依职权保护的工作。

**2. 提供泛在、便捷的海关服务**

畅通知识产权权利人与海关联系的渠道，如向海关提交扣留侵权嫌疑货物等申请以及修改或撤回申请的渠道。知识产权权利人申请扣留侵权嫌疑货物，以及涉嫌侵权货物的收、发货人请求海关放行，都需要提供担保金，对于资金周转紧张的，海关积极帮助其寻求金融、保险等渠道筹集担保金。海关提高执行效率，缩短平均受理时间，并配合财产保全，减少企业维权消耗。

**3. 大力协助国家知识产权局的"互联网+"知识产权保护工作**

在进出口环节配合开展线上信息共享、办案咨询、案件协查，在权利稳定性分析、侵权判定、网络培训等方面加强协作，通过信息技术手段提升进出口环节知识产权保护效率，协同强化知识产权边境保护能力。

### （五）不断完善海关信用管理制度

**1. 为企业精准画像并建立信用得分**

以企业为单元建立信用档案，加强海关对企业的信息归集，并利用海南大数据平台，全面收集、整合与进出口企业相关的企业信息，完善海关企业进出口信用管理系统。力争每一企业不仅有信用等级，还有信用得分，为精准施策、精准监管打下基础。

**2. 适当扩大不同信用等级企业通关便利的区分度**

一方面，对高级认证企业出台更大优惠的监管措施。另一方面，对较低信用得分的一般信用企业，可以取消查验免除查验费的待遇，增加稽核查的频率，提高事中专业审单的比例，取消汇总纳税的资格等。利用这些有效的贸易便利化措施，构建不同的政策工具箱，适应不同风险等级和信用得分的企业。

**3. 打通自然人信用管理和企业信用管理**

可以调查不持续经营的企业（如经营不足三年）信息，对其中存在"虚假贸易"的企业，降低其法人或实际控制人、实际经营者的自然人信用，并在系统中予以记录，借助海南大数据平台，可将这些信息传递到其他部门，实现失信联合惩戒。针对失信企业改头换面的情况，结合自然人信用管理的数据，来为新注册的企业打分，企业法人或实际控制人、实际经营者之前开办过失信企业、虚假贸易企业等的，在新企业信用信息中进行备注，并适当降低新企业的信用得分。

## 七、关于分步骤、分阶段探索的建议

根据海南自由贸易港建设总体安排，结合海关实际，积极主动，量力而行，分步骤、分阶段建设自由贸易港海关监管特区的政策和制度体系，加快探索建设中国特色自由贸易港进程。自由贸易港海关监管特区从2019年到2035年分三步推进：

第一步，从现在到2020年，是准备阶段。[①] 海关支持海南自由贸易试验区建设取得重要进展，《海关全面深化业务改革2020框架方案》目标在海南率先实现，完成自由贸易港海关监管特区的研究论证、方案设计、立法建议等设立准备工作。同时，积极在洋浦保税港区、海口综合保税区试行"一线放开、二线高效管住"。建立极简的网上进口提货申报制度。选取旅游业、现代服务业和高新技术产业，试点进口资本品、中间投入品的减免税监管改革。创新游艇监管模式。到2020年，力争海南跨境贸易营商环境分项指标达到日

---

① 这是本课题组2019年时的研究结论。为反映当时的研究思路，保留了原来的内容。后文的"第二步""第三步"亦同。

本（56名）或我国台湾地区（58名）的水平。

第二步，从2020年到2025年，是探索起步阶段。自由贸易港海关监管特区制度体系和监管模式初步建立，全面履行海关在维护政治安全、经济安全、社会安全、文化安全、生态安全等方面的职责，边境管控能力达到国际先进水平；贸易便利化水平达到OECD高收入国家平均水平；职能科学、权责法定、执法严明、公开公正、廉洁高效、守法诚信，服务现代化经济体系更加有力，服务全面开放新格局更加主动，服务保障国家重大战略更加有为，服务生态文明建设以及保障和改善民生更加有效。在重点区域、主导产业开展零关税、零壁垒的压力测试。大幅度减少进出口许可证件（特别是经济调节用途的许可证件），实现90%的提货申报，海关在10分钟内处理反馈。试行"四自一简"和海关稽查制度。支持新型贸易业态发展。更好地落实离岛免税、离境退税政策。到2025年，力争海南跨境贸易营商环境分项指标达到新加坡的水平（45名）。

第三步，从2025年到2035年，是完善阶段。自由贸易港海关监管特区的体制机制和监管模式更加成熟，营商环境跻身全球前列，口岸核心能力建设达到国际一流水平，口岸风险防控达到世界领先水平，国门安全屏障更加坚实。到2035年，海关监管特区各项探索试点工作全部完成，并且在实践中不断完善，力争海南跨境贸易营商环境分项指标达到中国香港的水平（27名）。

（执笔人：万中心　田仲他　程前）

## 附录 1

### 2019 年中国海南省、中国香港、新加坡部分经济指标比较

| 经济指标 | 单位 | 中国海南省 | 中国香港 | 新加坡 |
| --- | --- | --- | --- | --- |
| 货物贸易进出口总额 | 亿美元 | 131.53 | 11127.21 | 7500.29 |
| 入境旅游人次 | 万（人次） | 144 | 5591 | 1912 |
| 高新技术产品出口额 | 亿美元 | 44.86 | 3220.27 | 1500.31 |
| 研发经费支出占 GDP 比例 | % | 0.56 | 0.93 | 1.89 |

资料来源：中国海南省的货物贸易总额，来自海关总署官网的统计月报；入境旅游人次、高新技术产品出口额、研发经费支出占 GDP 比例，来自《海南统计年鉴 2020》。中国香港和新加坡的货物贸易总额，来自世界贸易组织数据库；入境旅游人次，分别来自香港旅游发展局和新加坡旅游局；高新技术产品出口额（在世界银行数据库中有一项"高科技出口"）、研发经费支出占 GDP 比例，来自世界银行数据库。

## 附录 2

### 平潭综合实验区、横琴新区海关监管的部分规定

| 类别 | | 内容 |
| --- | --- | --- |
| 原则 | | 海关按照"一线放宽、二线管住、人货分离、分类管理"的原则实行分线管理。 |
| 对"一线"的监管 | 备案管理方面 | 除法律、行政法规和规章另有规定外，海关对平潭/横琴与境外之间进出的保税货物、与生产有关的免税货物及退税货物实行备案管理，对平潭/横琴与境外之间进出的其他货物按照进出口货物的有关规定办理报关手续。 |
| | 保税免税方面 | 除下列货物外，海关对从境外进入平潭/横琴与生产有关的货物实行保税或者免税管理：<br>（一）生活消费类、商业性房地产开发项目等进口货物；<br>（二）法律、行政法规和规章明确不予保税或免税的货物；<br>（三）列入财政部、税务总局、海关总署会同有关部门制定的"一线"不予保税、免税的具体货物清单的货物。 |

续表

| 类别 | | 内容 |
|---|---|---|
| 对"一线"的监管 | 贸易管制方面 | 除法律、行政法规和规章另有规定外,从境外进入平潭/横琴的实行备案管理的货物,不实行进口配额、许可证件管理;<br>从平潭/横琴运往境外的货物,实行出口配额、许可证件管理。 |
| 对"二线"的监管 | 区分申报通道和无申报通道 | 平潭/横琴内保税、减免税、退税货物销往区外,应当按照进口货物有关规定办理报关手续;从区外销往平潭/横琴的退税货物,应当按照出口货物的有关规定办理报关手续。上述货物应当经海关指定的申报通道进出平潭/横琴;办理相关海关手续后,上述货物可以办理集中申报,但不得跨月、跨年申报。<br>其他货物经由海关指定的无申报通道进出平潭/横琴,海关可以实行查验。 |
| | 享受选择性征收关税政策 | 对设在平潭/横琴的企业生产、加工并销往区外的保税货物,企业可以申请选择按料件或者按实际报验状态缴纳进口关税。企业没有提出选择性征收关税申请的,海关按照货物实际报验状态照章征收进口关税。 |
| | 贸易管制方面 | 从平潭/横琴运往区外办理报关手续的货物,实行进口配额、许可证件管理。其中对于同一配额、许可证件项下的货物,海关在进境环节已验核配额、许可证件的,在出区环节不再验核配额、许可证件。<br>从区外运往平潭/横琴办理报关手续的货物,不实行出口配额、许可证件管理。 |
| 对区内的监管 | 优惠政策 | 平潭/横琴内企业不实行加工贸易银行保证金台账制度,海关对平潭/横琴内加工贸易货物不实行单耗标准管理。 |

资料来源:根据《中华人民共和国海关对横琴新区监管办法(试行)》《中华人民共和国海关对平潭综合实验区监管办法(试行)》整理而成。

附录 3

### 新加坡海关和中国香港海关职能、机构设置及执法依据

| 各项情况 | 新加坡海关 | 中国香港海关 |
| --- | --- | --- |
| 职能 | 1. 税收征管和执法<br>2. 贸易文件处理<br>3. 贸易便利化和安全 | 1. 侦缉及防止走私<br>2. 保障税收<br>3. 缉毒<br>4. 保障知识产权<br>5. 贸易管制<br>6. 保障消费者权益 |
| 机构设置 | 1. 贸易处<br>2. 合规处<br>3. 人力资源处<br>4. 政策及计划处<br>5. 检查站处<br>6. 情报及调查处<br>7. 单位服务处<br>8. 信息科技处<br>9. 内部审计办公室 | 1. 行政及人力资源发展部门<br>2. 边境及港口部门<br>3. 税务及策略支援部门<br>4. 情报及调查部门<br>5. 贸易管制处 |
| 执法依据 | 1.《海关法》及附属法规<br>2.《货物和劳务税法》及附属法规<br>3.《进出口管理法》及附属法规<br>4.《自由贸易园区法》及附属法规<br>5.《战略物资（管制）法》及附属法规<br>6.《化学武器（禁止）法》及附属法规 | 1.《香港法例》第 109 章《应课税品条例》<br>2.《香港法例》第 405 章《贩毒（追讨得益）条例》、第 455 章《有组织及严重罪行条例》、第 405A 章《贩毒（追讨得益）（指定国家和地区）令》、第 525 章《刑事事宜相互法律协助条例》、第 145 章《化学品管制条例》<br>3.《香港法例》第 60 章《进出口条例》<br>4.《香港法例》第 528 章《版权条例》、第 362 章《商品说明条例》、第 544 章《防止盗用版权条例》<br>5.《香港法例》第 629 章《实体货币及不记名可转让票据跨境流动条例》 |

资料来源：根据新加坡海关、中国香港海关官网信息整理。

附录 4

## 新加坡、中国香港管制清单

| 新加坡 | | 中国香港 | |
|---|---|---|---|
| 出口管制 | 进口管制 | 出口管制 | 进口管制 |
| 动植物及其制品 | 动植物及其制品 | 动植物 | 动植物 |
| 受《鹿特丹公约》管制的危险化学品和农药，受《化学武器公约》管制的化学品 | 毒药和危险品，易制毒化学品，表面活化剂，阴离子，卤盐 | 受管制化学品 | 受管制化学品 |
| 《滥用药物法》附表中的限制药物 | 限制药物和精神药物 | 危险药物 | 危险药物 |
| 用于治疗预防或诊断用途的人和动物血液，微生物毒素培养物，以及类似的产品 | 石油，柴油/燃料 | 应课税品 | 应课税品 |
| 放射性材料和辐照设备 | 爆竹 | 爆炸品 | 爆炸品 |
| 武器和炸药 | 玩具枪、手枪等 | 军火及弹药 | 军火及弹药 |
| 母带后期处理设备和复制设备 | 食物，水果，蔬菜，脱脂奶等 | 光碟母带及光碟复制品的制作设备 | 食物 |
| 臭氧消耗物质 | 石棉制物品 | 耗蚀臭氧层物质 | 传染性物品 |
| 天然橡胶，树胶，杜仲胶，银胶菊，糖胶树胶及类似的天然胶 | 淫秽物品、刊物、录像带或光碟，煽动性及叛逆性材料 | 除害剂 | 汽车 |
| 稻米 | 母带后期处理设备和复制设备 | 药剂产品及药物 | 光碟母带及光碟复制品的制作设备 |
| 活性酵母 | 氯氟烃 | 中药材及中成药 | 耗蚀臭氧层物质 |
| 战略物品 | 中成药 | 订明物品 | 中药材及中成药 |
| 受《巴塞尔公约》管制的废物 | 农药，有机肥 | 无线电发送器具 | 除害剂 |

续表

| 新加坡 | | 中国香港 | |
|---|---|---|---|
| 出口管制 | 进口管制 | 出口管制 | 进口管制 |
| 危险化学品 | 治疗用产品，医疗设备，口腔牙科用口香糖，兽医用药 | 食米 | 药剂产品及药物 |
| | 游戏机、投币机或光碟机，玩具对讲机等 | 沙粒 | 订明物品 |
| | 放射性物质 | 战略物品 | 放射性物质及辐照仪器 |
| | 电信设备 | 未经加工的钻石 | 无线电发送器具 |
| | 米（米糠除外） | 废物 | 食米、冷藏或冷冻肉类及家禽 |
| | 《濒危野生动植物种国际贸易公约》上列明的木材 | 有毒化学品 | 野味、肉类、家禽及蛋类 |
| | 沙和花岗岩 | 武器 | 沙粒 |
| | 嚼烟等某些特定烟草制品 | 配方粉 | 无烟烟草产品 |
| | 防弹衣、手铐、头盔 | | 战略物品 |
| | 未经加工的钻石 | | 未经加工的钻石 |
| | 硝化纤维 | | 废物 |
| | 有毒化学品及其前体 | | 有毒化学品 |
| | 武器和炸药 | | 武器 |
| | 辐射仪 | | |
| | 人类病原细菌 | | |
| | 罂粟籽 | | |
| | 磁带、唱片、光盘 | | |
| | 瓷器或铅水晶的餐具和厨房用具 | | |
| | 口香糖 | | |
| | 易燃物品，电池 | | |

资料来源：新加坡海关、中国香港海关官网。

# 分报告一
## 自由港新加坡力促开放型经济创新发展

新加坡国土面积小,仅700多平方千米,人口稠密,自然资源匮乏,饮用水、填海的泥石都需要进口,更不具备发展大型工业的基础。正是这样一个港口城市、岛国,却获得全球竞争力排名第一位①、营商环境排名第二位②、全球创新指数排名第八位③等一系列成就。新加坡的国际竞争力到底来自哪里?这不仅是因为其所处地理位置优越、拥有优良天然海港,更是由于其持续实施的开放、创新政策。

### 一、培育自由港的后天优势

作为一个因港而兴的国家,新加坡港位于新加坡岛南部沿海,西临马六甲海峡东南侧,南临新加坡海峡北侧,扼太平洋及印度洋之间的航运要道,战略地位十分重要。虽然拥有良好的先天优势,但新加坡仍通过提升港口运营效率、深化"单一窗口"建设等一系列措施,积极培育自由港的后天优势,使得新加坡港成为亚太地区最大的转口港和世界第二大集装箱港口,也是世界最重要的航运中心之一。2018年新加坡港集装箱吞吐量3660万标准箱,同比增长8.7%。

#### (一)提升港口运营效率和管理水平

新加坡政府重视港口建设,致力于提高港口运营效率和管理水平,这对于其改善跨境贸易起到了积极的作用。世界银行《2018年营商环境报告:改

---

① 资料来源:世界经济论坛发布的《2019年全球竞争力报告》。
② 资料来源:世界银行发布的《2019年营商环境报告:强化培训 促进改革》。
③ 资料来源:世界知识产权组织(WIPO)、美国康奈尔大学、欧洲工商管理学院等机构联合发布的《2019年全球创新指数》。

革以创造就业》中提到，新加坡通过加强进出口的运输和港口基础设施，来使得跨境贸易更加便利。一是推进数字化进程，通过科技手段，加强智慧港口建设。新加坡采用综合码头营运系统和全国性海港网络电子商务系统，使码头的运营效率大大提高，并确保整个业务每天24小时顺畅有效地运作。2015年新加坡海事及港务管理局与IBM合作，启动了一个基于意义建构分析的港口和海上事件识别系统，该系统共有7个模块，涉及船舶在港移动自动监测、燃料加注分析、船舶到港预测、泊位利用率监测和预测、引航员登船监测、禁航区监测等，提高诸如甚高频通信、数据录入、监测等事件的准确度和及时性。二是加大下一代港口建设、开发力度。新加坡港正积极投资建设第四代集装箱港口①，将创造性地使用智能技术，为港口、航运及物流园区的广大顾客和利益相关者提供持久服务。同时，新加坡提出了100亿新元的港口扩建计划，拟在2027年将新加坡南部的港口业务搬迁至西部靠近新加坡工业中心的大士港，预计建成后将实现6500万标准箱年吞吐规模，几乎是现在新加坡国际港务集团吞吐能力（3500万标准箱）的两倍。大士港还将采用新科技提高生产力和效率，并采用多套自动化系统实现高度自动化。例如，通过采用先进的船运交通管理系统，协助监督航运交通，向船只建议最安全及有效的路线，并提前发现可能出现拥挤的水域。三是通过实施特许国际航运计划和海事金融优惠计划，大幅减免航运企业和航运服务业的税费。作为国际航运中心，新加坡汇集了航运交易、船舶经纪、航运资讯、船舶维修和海事培训为基础的完整产业链，为开展国际贸易提供了良好的基础。

(二) 由"单一窗口"走向智能化集成服务

新加坡贸易网（TradeNet）是世界首个全国性贸易通关系统，集成了进口、出口和转运单据处理程序，降低了准备、提交和处理贸易文件的成本和时间（见表1）。系统实施后，35个监管机构、7000多个业务规则得到整合，每年有大约900万票申报，超过90%的申报处理时间小于10分钟，显著增强了新加坡贸易综合实力。

---

① 第四代集装箱港口的六大核心支柱为：互联社区，智能机器和系统，健康、安全和安保预先管理，可持续的环境，集成和优化的操作，集装箱装卸自动化。

表1 新加坡实施"单一窗口"前后对比

| 类别 | 实施前 | 实施后 |
| --- | --- | --- |
| 每单处理时间 | 2~7天 | <1分钟 |
| 费用（新币） | 10~20 | 3.3 |
| 文档数量 | 3~35个文档 | 1个电子表单/文档 |
| 每天处理量（单） | ≈10000 | >30000 |

资料来源：根据《新加坡国际贸易"单一窗口"制度的经验及启示》《浅析新加坡单一窗口建设对我国的启示》等文章中的内容整理。

2007年新加坡建立了商贸讯通（TradeXchange），它是一个全新的全国性贸易及物流IT平台，既可方便商业、企业及政府部门之间的资讯交流，提升新加坡境内外的货物流通效率，又可接入贸易网、各港口系统（如海港服务网）、货运社区网络、裕廊海港互联网及官方港务网，还与国外网络相连，既实现了先期向美国、加拿大以及澳大利亚递交电子舱单数据，又实现了向马来西亚、韩国、中国澳门、中国香港、泰国、菲律宾、澳大利亚及加拿大等地海关发送电子清关数据，成为真正的多系统的单一接口。

为进一步提高通关效率，近年来，新加坡进一步建设了互联贸易平台（NTP），该平台是一个国家贸易信息管理平台，为新加坡成为世界领先的贸易、供应链和贸易融资中心奠定了基础。互联贸易平台旨在提供超出现有系统服务范围的服务，成为一个与其他平台相连的一站式贸易信息管理系统；一个提供广泛贸易相关服务的下一代平台；一个利用跨行业数据的、有利于发展洞察力、开发新服务的开放式创新平台；一个在源头进行数字化，从而使数据能够重复利用以降低成本、简化流程的文档中心。该平台将结合供应链全流程提供智能、集成化的增值服务，包括洞察市场①、寻找买家、制作单

---

① 洞察市场模块提供了四种服务：A. 专家在线；B. 市场运营洞察，通过收集和分析不同渠道的市场和贸易相关数据，从而提供基于数据分析的见解；C. 贸易信息更新，根据用户的交易数据提供智能通知服务，比如国内外监管改变等；D. 贸易规划。

据、贸易融资①、运输安排、海关申报②、货物跟踪、报告和结算 8 个模块。NTP 的推广使用为新加坡成为全球领先的贸易、供应链和金融中心打下了基础，同时该平台预期每年为企业节省近 6 亿新元的人力成本，进一步提升生产力。

### （三）高效防控口岸风险

新加坡政府严把国门安全，通过标准化和信息化，提高港口风险防控水平。一是受控货物比例总体比较低。新加坡地小人多，自然资源匮乏，自产农产品非常有限，市场消费食品的 90% 均需从国外进口，因此新加坡大多数商品均可自由输入，但其余 10% 涉及卫生、健康、安全的商品进口，实行进口许可或是被禁止。二是重视资质管理。进口不同的受管制商品，由各自主管部门与海关协调监管。新加坡进口食品的主管部门是食品局，所有贸易商必须在获得食品局颁发的执照和进口许可后，才能在新加坡从事食品进口业务。进口非食用动植物和野生动植物的主管部门是国家公园局下的动物和兽医管理局，经营者进口这些动物、植物须符合国家公园局规定的标准。进口药品、化妆品的主管部门是卫生科学局（HSA）。所有从事药品进口、批发、零售以及出口的经营者需向 HSA 取得相关许可方可开展业务。进口药品和化妆品前，经营者需向 HSA 如实申报相关信息，获得批准后方可进口。HSA 对进口的相关产品进行抽检，一旦与申报不符，即取消其经营相关产品的资格。三是采信第三方。新加坡检验检疫通过采信第三方，使监管部门的职能从商品质量检验转向商品质量验证，从商品监管向检测机构监管方向转变，实现现场检验检疫机构与检测技术机构各负其责、相互配合、相互制约。四是实现信息化监管。"单一窗口"连接新加坡所有国际贸易主管机构的系统，对于受控货物，系统数据会自动流向货物监管主管部门，在检验合格后方可出证获得批准。

---

① 贸易融资模块提供了两种服务：一是贸易融资电子应用端口，该一站式平台给使用者提供银行贸易融资产品更方便；二是贸易统一标准，该服务可将新加坡海关和 NTP 数据接入银行系统，方便银行对用户进行资质审核。

② 海关申报模块提供了两种服务：一是全球连接，向其他国家提供单据和服务；二是自由贸易协定优化，主要运用现有的和未来的自由贸易协定，降低关税和合规费用。

## 二、激发市场主体的创新活力

新加坡营商环境优越，对投资的吸引力强。在瑞士洛桑管理学院（IMD）发布的《2020年全球竞争力报告》和《2020全球数字竞争力排名》中，新加坡分别排第1位和第2位。这得益于新加坡政府简化行政审批流程，扶持企业发展，打造良好的营商环境，有利于企业间相互交流，建立稳定的伙伴关系。

### （一）最大限度便利初创企业

新加坡政府简化行政审批流程，以尽可能降低企业的遵从成本，从而有利于企业创立、设立。一是企业注册程序简便。在新加坡企业注册手续简单，费用低廉，吸引了大量公司入驻。任何国籍的成年人士（年满18周岁），只需委任一名新加坡董事、一名当地秘书，并提供公司名称、公司章程与细则、身份证明书、公司新加坡注册地址及办公时间报告表，即可在3个工作日内完成公司注册。新加坡会计与企业管制局是企业注册的唯一主管机构，所有公司的成立，包括为外国公司开展业务的个人或企业，都要向会计与企业管制局申请注册。大多数商业机构和公司只需通过会计与企业管制局注册即可开展业务，除了一些行业，例如银行、保险和证券经纪公司，在注册公司前需要申请特别准证，或某些货品生产商，例如雪茄和鞭炮，须事先申请特别牌照。二是新加坡对注册资本要求宽松。新加坡公司法规定设立公司最低注册资本为10万新元，实行认缴制，股东可随时决定提高注册资本和缴足资本，且只需在新加坡会计与企业管制局填写表格和交纳费用即可。三是鼓励外资进入。新加坡对外资准入政策宽松，除国防相关行业及个别特殊行业外，对外资的运作基本没有限制。同时，除银行、保险、证券等特殊领域需向主管部门报备外，绝大多数产业领域对外资的股权比例等无限制性措施。在个人投资方面，给予外资国民待遇，外国自然人依照法律可申请设立独资企业或合伙企业。此外，新加坡政府还制订了特许国际贸易计划、区域总部奖励、跨国营业总部奖励、金融与资金管理中心奖励等多项计划以鼓励外资进入。四是简化中小企业融资过程。新加坡前财政部长王瑞杰在发表2019年财政预算案声明时宣布，2019年新加坡企业发展局旗下的八个融资计划，将统一为单个企业融资计划，简化中小企业的融资过程。新的计划将涵盖贸易、营运资金、固定资产、创投债务、合并与收购以及项目融资。该项企业融资计划将为成立五年以下的中小企业提供更大支持，政府所分担的银行贷款风险将从当时的50%提高到70%。

**（二）扶持企业发展壮大**

随着技术变革的步伐加快，新加坡政府不断加强与企业在整个转型过程中的合作，推出了一些优惠政策和发展计划来推动企业拓展业务，帮助企业实现自动化、提高生产率和扩大规模，使企业在未来的经济中保持竞争力。一是设立企业发展补助金[①]，从市场、业务发展和创新及生产力、核心功能和能力三个方面来支持各种规模的新加坡公司成长。同时，新加坡政府在预算上不断提高对中小企业的补助水平，自2012年起对中小企业的支持比例从50%提高到70%，且这一政策将被执行至2023年3月31日，并支持更多中小企业在当前经济结构调整阶段进行更深入、更雄心勃勃的转型，以应对经济发展的需要。二是通过自动化支持包，支持企业对自动化技术的应用，如开发复杂的硬件或软件解决方案，开发涉及机械采购和系统集成的解决方案等，从而为企业带来切实的利益和显著的增长。通过该项举措，中小型企业可获得合格软件和设备成本50%、其他合格成本70%的支持资金，非中小型企业可获得高达合格软件和设备成本30%、其他合格成本50%的支持资金。三是公共部门加强与私营部门的合作，启动创业股权计划，帮助企业识别和建立新的能力。该计划旨在刺激私营部门投资新加坡的创新型科技初创企业，通过共同投资，促进投资进入新的、服务不足但具有战略意义的行业，如先进的制造和工程、卫生和生物医学科学、金融科技、人工智能和农业科技等新兴技术，从而支持企业国际化发展并提升其发展能力。

**（三）加快推动产业转型升级**

为了在行业转型中达到最大的协同效益，新加坡政府在2016年预算中宣

---

① 企业发展补助金（EDG）通过能力发展补助金（CDG）及全球公司合作计划（GCP）协调成立。CDG是一个帮助中小企业建立跨领域能力的金融援助项目，如财务管理、人力资本开发和商业模式转型；GCP旨在帮助已经在海外发展的新加坡公司深化业务，开拓海外市场。

布了45亿新元的产业转型计划，为6个集群、23个行业①（占国民经济总量的80%）制定路线图，以解决每个行业内部的问题，并深化政府、企业、行业协会和商会之间的伙伴关系。新加坡政府机构全面负责每项创新及科技管理工作，深入研究行业前景、未来趋势和需要，根据不同行业的需要，制定一套措施来系统地提高生产力、发展技能、推动创新，从而促进产业国际化和转型，实现每个行业的既定目标。每个产业地图都包括四个增长和竞争力计划，分别是：生产力计划旨在支持公司，特别是小公司、中小企业转向增值更高的增值活动，并提高运营效率；工作和技能计划旨在投资于人民，使他们具备深厚的技能，从而创造更大的价值；创新计划旨在利用研发力量开发新产品和服务；贸易和国际化计划旨在支持企业拓展海外市场。同时，政府还通过营造有利于产业升级的监管环境来创新商业模式，并牵头制定国家标准，以促进技术的采纳和应用。

### 三、致力于提升研究、创新能力

新加坡政府一直致力于提高新加坡在研究、创新方面的能力。新加坡"研究、创新与企业2020计划"中明确，研究、创新和企业是新加坡建立一个知识基础、创新驱动的经济和社会的国家发展战略的基石。新加坡在研究和创新方面的公共投资持续增长见表2。2011年至2015年间，新加坡政府投入160亿美元，力图将新加坡打造成一个全球研发中心。而在2016年至2020年期间，这一投资额计划提高至190亿美元，着力发展四个战略技术领域：先进制造与工程、健康与生物医学科学、城市解决方案和可持续性、服务与数字经济。

---

① 6个集群及所包括的23个行业如下。一是制造业：精密工程、能源和化学品、海洋和近海产业、航空航天、电子产品；二是环境建设：建筑业、房地产、安全、环境服务；三是贸易和连通：批发贸易、陆地运输、海洋运输、航空运输、物流；四是国内必要服务：医疗保健、教育；五是现代服务：专业服务、金融服务、ICT及传媒；六是生活相关服务：食品生产、食品服务、酒店、零售。

**表 2  新加坡在研究、创新领域投入对比**

| 计划名称 | 投入金额（亿美元） |
| --- | --- |
| 国家技术 1995 计划 | 20 |
| 国家科学技术 2000 计划 | 40 |
| 科学技术 2005 计划 | 60 |
| 科学技术 2010 计划 | 135 |
| 研究、创新与企业 2015 计划 | 160 |
| 研究、创新与企业 2020 计划 | 190 |

资料来源：新加坡"研究、创新与企业 2020 计划"（"Research Innovation Enterprise 2020 Plan"）。

### （一）推动制造业高质量发展

新加坡已从劳动密集型经济向创新密集型经济转变，制造业发展也面临新局面：一方面受到外部竞争压力和内部因素制约，另一方面东盟和亚洲的生产能力和消费需求也在不断增长。在此背景下，新加坡采取了一系列政策，促进制造业高质量发展，力图使新加坡永续世界级制造枢纽的地位。一是构建新加坡的创新型综合供应链管理生态系统。实行有效率的创新型综合供应链管理对于新加坡制造业发展至关重要。新加坡优良的信息技术基础设施、世界级海港与机场连通的世界交通运输体系，以及驻于本地的多家物流提供商，能够确保企业的全球交付能在最优化、最具成本竞争力的情况下完成，大大提升并丰富了新加坡制造业的供应链管理能力。二是积极栽培新兴领域的制造业，并将其视为将来可能推动新加坡经济增长的动力所在。2016 年至 2020 年在制造业领域内，新加坡根据发展潜力，确定了八个关键行业垂直市场（航空、电子、化学物质、机械与系统、海洋、精密模块和组件、生物制品和制药制造、医疗技术制造）和四个交叉技术领域（机器人与自动化、数字制造、增材制造、先进材料）。三是加大研发投入力度，并促进产学研联系。对制造业领域的资助主要包括：加大个人研究经费投入，向为制造业领域所需功能提供想法的单个研究人员提供资助；提供程序化的资助，支持为未来工业发展培养长期能力的专题方案；设立支持前瞻性规划的产业整合基金，通过新加坡科技研究局和经济发展局对其提供支持，在行业产生利益之前建立能力，产生行业吸引力。

**（二）利用数字经济建设"智慧国家"**

信息和通信技术的快速发展降低了数字传感器的成本，成倍地增强了计算能力，实现了无处不在的连接——这从根本上改变了服务业的商业模式，创造了一个全新的数字经济。为了抢占数字经济时代的制高点，新加坡制定了各种战略，推动经济社会向数字化转型，发展成为一个"智慧国家"。一是通过区域协议为数字经济发展提供良好环境。2018年新加坡与东盟就电子商务达成亚细安电子商务合作协定，期望通过简化区域贸易规则来规范电子商务的推广，增强数字连接，降低企业进入的运营壁垒。该协议使整个东盟的创新利益攸关方聚在一起，同时，支持企业家、初创、微型、中小型企业建立海外网络，在创新和技术项目上扩展合作和试验机会。该协定便利了跨境电子商务交易，使自由流动的电子商务商品遍布东南亚。二是充分利用数字创新，建立"智慧国家"。"研究、创新与企业2020计划"中明确"数字创新将被用作一种力量倍增器，以满足国家的优先事项和提高我们服务部门的生产力"。在"智慧国家"的旗帜下，新加坡确立了2016年至2020年数字经济的三个重点范畴（城市流动、医疗信息通信技术、提高服务效率），将利用知识工作的自动化、通过数据挖掘和创新的数字应用程序，来改进政府和私营部门提供服务的方式。三是推动"智能系统策略研究计划"，通过智能系统应急领域研究项目、智能系统战略能力研究中心、公共部门主导的智能系统研发中心或项目，促进创新创业企业与大型企业、中小型企业建立稳固的伙伴关系，支持数字经济研发迅速转化为新产品和服务。

**（三）促进基础研究卓越发展**

基础研究对于新加坡保持在科学的前沿，并为未来转化和工业研究提供支持至关重要。近年来，新加坡的大学在全球排名中稳步上升，提高了它们在国际上的研究影响力。根据知名高等教育咨询机构Quacquarelli Symonds（QS）发布的2018年世界大学排名，新加坡南洋理工大学排名第11位，成为亚洲第一名，新加坡国立大学排名第15位。新加坡的大学之所以能成为顶尖的研究机构，是因为它们注重研究和教育，拥有强大的研究基础设施，从而得以拥有一批世界一流的科学家，并围绕前沿领域建立了强大的团队，被认为是各自领域的国际顶尖中心之一。为支持学术研究发展，新加坡政府加大对研究人员和研究项目的支持力度。其中，有由教育部管理的教育部学术研究基金①，以及由国立研究基金会（NRF）管理的为早期职业研究人员开展独立研究提供的 NRF 奖学金，为处于职业生涯中期的研究人员提供从事开拓性、高风险研究支持的 NRF 独立研究项目，支持多学科团队开展前沿研究的 NRF 竞争性研究项目，为在海外发展的杰出新加坡研究人员提供机会，还包括让他们把研究工作迁回新加坡的新加坡科学家回国计划等。

（执笔人：连欣）

---

① 教育部学术研究基金支持研究型自治大学的研究，并创造有益于新加坡和学术界的新知识，包括三层：第一层，通过内部竞争程序在每个研究型自治大学内部分配 4 个研究密集型核心机构资金；第二层，在整个研究型自治大学的竞争基础上支持研究项目，在 3 年内为每个项目提供最高 100 万美元的资助；第三层，支持研究型自治大学的高影响力、多学科研究项目，在 5 年内为每个方案提供 500 万至 2500 万美元的资金。

# 分报告二
## 海南地方政府、企业关于自由贸易港海关监管的建议

为更深入地了解实际情况，研究中心课题组赴海南三亚、博鳌、海口等地进行了为期一周的专题调研，并举行了若干场座谈会。课题组听取了旅游购物、游艇邮轮、医药疗养、跨境电商等行业近30家企业的意见和建议，与省委研究室及海口市、三亚市的20多个政府部门进行了交流，与博鳌乐城国际医疗旅游先行区管委会、海口综合保税区管委会、洋浦经济开发区管委会进行了深入交谈。

调研过程中，当地政府部门以及企业代表围绕自由贸易港海关监管等问题进行了深入探讨，并提出了建设性意见，主要包括提高效率和促进贸易便利化，更好地发挥海关特殊监管区域的作用，加大对离岛免税购物和游艇业支持力度，扩大进口减免税优惠和完善保税政策，适当放宽许可和配额限制，为医药疗养企业营造更宽松的环境等六个方面。

### 一、企业越来越注重业务效率，对贸易便利化产生了更高的需求

#### （一）简化进出口流程手续

一些企业反映，在进口某些货物时，可能并不确定是一般贸易、保税货物还是电商货物，而需根据市场情况酌情决定，因此建议取消在报关时必须选择贸易方式的要求。还有企业建议海关继续简化出口清关手续及保证金担保放行手续。

#### （二）海关继续提升业务效率

希望海关加快一般贸易出口退税报关单出具速度，在企业缴纳进口增值税当日于系统中录入税票、进行核销，以便企业于每月13日前在税务系统中

进行比对。建议海关加快电子口岸信息更新时间，以便企业尽快打印报关单。

### （三）考虑多种途径，提高出入境检验检疫效率

某企业代表建议，在进出口环节加大对第三方商检机构检验计量数据的采信力度。还有企业提议，由某行业的大公司筹建检验检测中心，并与海关合作管理，以减少政府投资，提高货物通关效率。多家企业建议，在马村港建设符合各类型指定口岸进口货物检验检疫条件的综合检验检疫实验室，这样相关货物便不必再送往广东进行检验检疫。

### （四）提高数据共享水平，并将新技术应用于信息系统建设

企业付汇额度不足时，外管局会要求企业打印报关单，建议海关与外管局加强信息共享，让企业少跑腿，并建议运用区块链技术建设国际贸易"单一窗口"，对贸易的各环节实现动态、高效的数字化管理，以及探索建立贸易数据中心，推动与"一带一路"共建国家（地区）的数据共享，促进贸易便利化。

企业和当地政府部门还对其重点关注的跨境电商和宠物食品领域提出了专门的建议。跨境电商方面，建议对海南认定的跨境电商出口企业，在国内其他城市出口通关时给予便利，并允许在海关特殊监管区域外开展跨境电商"即购即提"先行先试业务。希望海关总署支持海口市设立"国际互换局"，加快海口市跨境电商的发展。宠物食品方面，呼吁支持企业经营进口宠物食品，建议在风险可控下取消海南宠物食品的检验检疫进口许可证。提议在企业提供溯源信息及检测数据、配合海关进行海外验厂的情况下，开放白名单外国家和生产企业的宠物食品。

## 二、企业为了更自由地开展业务，迫切期待更好地发挥海关特殊监管区域的作用

### （一）多地建议增设海关特殊监管区域

在三亚凤凰国际机场、三亚凤凰岛国际邮轮港、海口美兰国际机场和博鳌乐城国际医疗旅游先行区，都有与会者提出期待在该地设立海关特殊监管区域，以促进该地相关产业的建设和发展。

## (二)"一线放开、二线高效管住"的货物进出境管理制度

有企业和政府部门希望在洋浦综合保税区和海口综合保税区,试行洋浦保税港区"一线放开、二线高效管住"监管措施:允许所有货物备案制入区,区内货物视同境外货物,货物出区由企业自主申报;探索设立区内进口海外仓,仓内实行自由账册监管。

## (三)在海关特殊监管区域开展文化保税业务

一些企业建议,在海口综合保税区设立"文化保税园",在海口国际会展中心设立"国际艺术品保税仓",开展影视文化及文化艺术品展示交易拍卖、文化创意等保税业务。

## 三、企业感到税负压力较大,对扩大进口减免税优惠和完善保税政策寄予厚望

### (一)实行零关税、简税制、低税率

有企业和政府部门提议,除烟、酒、燃油等少数商品外,海南进口商品适用零关税,并免征或减征进口环节增值税、消费税,降低重点产业企业的所得税和流转税税负,吸引企业进驻海南。

企业和当地政府部门还针对具体行业或区域,提出了很多减免税建议。如,研发创新方面,建议在全球动植物种质资源进口中转基地实施零关税政策,并将崖州湾科技城种业研发及深海领域相关科研设备、生产设备、零部件、试剂及耗材的关税下调至零。同时还建议,对全球互通的设备、物料、信息平台等实行进口免税、出口退税,对自由贸易园区内企业进口自用的设备、样品和耗材等减免关税。再如,文化旅游方面,建议对海南旅游业发展所需原材料、大型游乐场以及大型旅游设施必备的基建设备、会议设备、电气设备等进口设备,实行零关税。

### (二)加大保税范围

洋浦保税港区内企业建议,一是对在保税港区内及海南省内自用的运输车辆,如果是从国外进口的,实行保税政策,暂免征收进口关税、海关代征

税；从国内采购的，暂免征收国内销售环节的相关税费。二是对企业向保税港区外、海南全省内销售的以进口货物为原料生产的货物，实行保税政策，暂免征收关税和进口环节税。

**四、企业在进出口上面临较多许可或配额限制，在放宽不必要限制方面有强烈诉求**

### （一）简化南繁科技城种子进出口的管理与审核

在南繁科技城有与会者建议，进口方面，打造首个中国种业自由贸易园区，分步骤地放开种子进口配额；出口方面，对种质资源出口审批进行分类管理，放宽种质资源出口限制，对有资质的龙头企业逐步放开种子进出口管理制度或建立种业走出去的"绿色通道"。

### （二）放宽对原油、成品油进出口的管理限制

有企业代表建议，逐步取消对进口原油的许可证管理和出口成品油的配额管理，并在现行原油来料加工政策方面对相关企业适当倾斜，鼓励其开展面向东南亚的原油来料加工业务，比如在不出口成品油的情况下，设立原油来料加工手册，出口部分副产品。

### （三）其他对放宽进口准入的建议

有企业建议，把某些符合环保要求的用于来料加工的货物，移出相关禁止目录。有的政府部门希望放开二手邮轮进口的政策[①]。该部门还建议交通运输部允许在我国沿海其他港口停靠运营的外籍邮轮，将海口和三亚邮轮港作为多港挂靠港口，而无须再报批；希望国家海事及船检部门借鉴江苏省《兴化传统木质船舶检验指南》等地方经验，研究制定传统木质船舶检验规范，促进海南将传统木船开发为特色海上旅游产品。

---

① 目前，中国进口邮轮需缴纳关税和增值税近30%（不含中国邮轮注册入籍费用），且要求船龄在10年以内等，条件比较高，因此中资进口邮轮比较困难，也难以购买到合适船型。

## 五、在医疗健康、离岛免税购物、邮轮游艇等海南特色产业和业务上，企业盼望更为宽松优惠的政策

### (一) 医疗健康产业方面

**1. 对促进海南省医药产业发展的建议**

一是将国务院赋予博鳌乐城国际医疗旅游先行区的九条优惠政策[①]的适用范围扩大到全岛，并批准海南某些企业拥有博鳌乐城国际医疗旅游先行区"特许经营"资质。二是允许独立设立企业自用保税仓，并建设"进口药品、医疗器械公用保税仓"。三是对于欧盟标准和美国食品药品监督管理局（FDA）认证的医疗器械及非处方药，实施免检入关，或者在海关建立负面清单。四是采用先通关后抽检的方式，加快通关速度。五是取消国家药监局的一次性进口药品如药学研究、临床试验用药的审批手续，改为直接采购进口的方式。六是允许企业自主进口国外已经上市的药用辅料用于药品研发，允许自由贸易试验区企业进口半成品如片剂、胶囊、颗粒等在试验区分装上市。七是开放跨境非处方药和医疗器械准入清单，允许以跨境零售进口的方式进行售卖。扩大药物进口目录的范围，支持企业进口抗癌药品[②]。

**2. 对促进博鳌乐城国际医疗旅游先行区建设的建议**

对于免税和保税问题，建议在博鳌乐城国际医疗旅游先行区内：一是基建物资、医疗器械、耗材试剂、企业自用机器设备和办公用品等，进口免征关税和进口环节增值税，从国内购买则视同出口并入区退税。入区部署的国产硬件和软件也可享受出口退税。二是区内进口保健食品、特医食品、非处方药品，免征关税和增值税；特许进口药品（含疫苗）参照抗癌药品，按3%减征增值税并免征关税。三是区内企业之间的货物和服务交易免征增值税、消费税。四是先行区内保税存储货物、个人自用物品不设存储和监管期限，且区内企业之间货物可以自由流转。五是打造"保税研究院"+"保税创新

---

① 国务院《关于同意设立海南博鳌乐城国际医疗旅游先行区的批复》中的九条先行先试优惠政策。

② 当部分抗癌药品制剂的海关编码的监管条件是 Q 时，进口需提前向药监局申请"入境药品通关单"，但只有在该进口产品用于国内注册的产品时才能申请该通关单，故建议扩大允许进口的范围，或是企业在遇上类似情况时通过提供特殊证明或声明来进口。

加工",以及"保税医院"新模式,为研发企业、医院设立海关监管账册。六是打造"保税酒店",区内酒店进口自用的食品、消费品及设备等免征关税和增值税。七是为在先行区注册行医的境外医生、护士,提供每人每年50万元个人自用物品免税进境额度。

(二) 离岛免税购物方面

一是提高单件商品的8000元行邮税免征额。二是按负面清单制扩大离岛免税品种,增加消费类电子产品、非处方药品、保健品等商品。三是取消购买商品件数限制。四是放宽或取消相关免税品进口的卫生许可证、3C认证等准入条件限制,以便与国际市场同步。五是放宽海南本岛居民免税购物限制,允许本岛居民在离岛后的一个月内,凭上次离岛信息继续购买离岛免税商品。六是增加"邮寄送达"提货方式,支持免税商品线上销售。七是合理增设离岛免税购物店,更好满足旅客需求。

(三) 邮轮游艇业方面

邮轮游艇业方面,有企业反映目前邮轮进出口综合税率高达27.53%,希望加快落实相关免税政策,确保在凤凰岛的商品零售、邮轮游艇进出口、邮轮设备、物料补给等方面给予税费减免,并建议完善凤凰岛基础设施建设补偿模式。

企业还建议简化维修配件、辅料进口时的检验检疫过程,允许在保税的港口仓库内存储油漆、喷涂类产品辅料。希望海关能给出经认可的入境游艇评估机构、游艇租赁及交易时的价值评估机构清单。建议在游艇进境时,把地方担保公司纳入税款担保认可主体范围,减少中间环节,降低游艇货物担保服务的费用。

**六、在海南的口岸和码头建设发展上,相关企业和政府部门希望得到海关支持**

一些企业和当地政府部门,希望海关等支持海南的口岸、码头建设和发展。一是指导口岸建设,指导和帮助马村港建设进口整车、生鲜水产、肉类、毛燕、水果蔬菜等各类型货物指定口岸,指导和帮助三亚凤凰国际机场、海口美兰国际机场建设进口冰鲜水产品、进境水果及进境种苗指定口岸。二是协助将三亚港的南山港区和崖州中心渔港纳入国家一类口岸①。三是支持三亚公共游艇码头建设，希望国家相关部门根据港口建设与发展的实际需求，将游艇帆船码头、泊位、保税仓等建设项目确定为重大基础设施项目。四是通过设施建设和资源协调等，加强港口接收进口沙土、水泥、煤炭等岛内建设用资源型货物的能力。

（执笔人：万中心　田仲他　程前）

---

① 三亚港原本属于一类口岸，但由于老港区、老渔港搬迁，而老港的一类口岸指的是水域范围，所以不能延至新口岸使用。

# 分报告三
## 槟城、新加坡、中国香港自由港发展比较研究

18世纪后期到19世纪,自由贸易理念逐渐在英国兴起并受到推崇,英国相继宣布槟城、新加坡、中国香港为自由港。英国期待三地成为其自由贸易帝国在东南亚、东亚的中心,借此招住欧洲、中东地区、非洲、印度与真正东方(主要是中国和日本)的贸易。后来,槟城、新加坡、中国香港先后走上了不同的发展之路,2019年三地的经济社会基本情况见表1,它们发展的经验和教训为我国建设自由贸易港提供了有益借鉴。

表1 槟城、新加坡、中国香港经济社会基本情况(2019年)

| 指标 | 槟城 | 新加坡 | 中国香港 |
| --- | --- | --- | --- |
| 面积(平方千米) | 1049 | 726 | 1110 |
| 人口(万) | 176.88 | 570.36 | 750.79 |
| GDP(亿美元) | 241.02 | 3630.75 | 3768.37 |
| 人均GDP(美元/人) | 13211 | 66070 | 48359 |
| 货物贸易总额(亿美元) | 1114.99 | 7500.29 | 11127.21 |
| 经济自由度指数排名 | 22 | 2 | 1 |
| 世界银行营商环境排名 | 15 | 2 | 4 |
| 世界银行营商环境排名中的跨境贸易排名 | 48 | 45 | 27 |

资料来源:1. 槟城的面积和人口数据,来自马来西亚槟城州政府官网;GDP方面,马来西亚统计局公布有各级行政区占全国GDP的比例,世界银行数据库有以现价美元计的马来西亚GDP数据,由此算出槟城州GDP;人均GDP,也是根据马来西亚统计局和世界银行数据库的数据换算而来;货物贸易总额,根据槟城州政府、马来西亚统计局和世界贸易组织数据库的数据换算而来。

2. 新加坡、中国香港的面积、人口、GDP和人均GDP,均来自世界银行数据库,GDP和人均GDP为现价美元值;货物贸易总额均采用世界贸易组织数据。

3. 经济自由度指数排名来自《华尔街日报》;世界银行营商环境指标及跨境贸易分指标排名来自世界银行,其中,槟城以马来西亚整个国家的排名代替。

## 一、槟城自由港，时间停止在 1969 年

槟城位于马来半岛西部沿海，濒临马六甲海峡东北侧的入口处，在马来西亚的 13 个联邦州中经济比较发达，是北马来半岛的经济和贸易中心①。

槟城拥有 180 多年的自由港历史，从时间上来看，是新加坡和中国香港的"前辈"。海洋贸易与殖民兴盛时期，槟城的战略地位十分重要。1786 年，英国殖民者莱特船长发现了槟城这个良港。莱特将这座荒岛变为一个自由港，建立了以英国国王乔治三世命名的乔治市，开发为远东最早的商业中心，以威慑在印尼设有多座码头做交易的荷兰。通过鼓励移居本地的原住民，尽量开垦土地，这座原本荒无人烟的岛屿人口发展到一万人。

马来西亚取得政治独立初期，为了吸引外来投资以及旅客，保持了槟城自由港的地位，但于 1969 年取消了槟城自由港的地位。2012 年前后，马来西亚有关人士及媒体讨论恢复槟城自由港地位。时任国民阵线②槟城主席的民政党总秘书邓章耀建议让槟城恢复自由港，加强槟城作为国际旅游天堂的吸引力，进一步推动该州的旅游业发展。民联行动党主席卡巴星亦指出，槟城若拥有自由港地位，将能吸引更多的游客，估计所产生的经济效果甚至比宝石交易更为出色。大马经济网以槟城经济新浪潮为题，通过对标韩国，探索槟城自由港的发展路径。

## 二、新加坡自由港，向全球创新中心迈进

新加坡凭借优越的地理位置在殖民时期被确立为自由港，独立建国后始终遵循这一发展路径，通过全面开放的制度、有力支撑的产业、畅通无阻的设施，实现创新发展，是全球四大金融中心之一，连续 16 年一直位列全球营商环境前三，连续 5 年蝉联亚洲经济体综合竞争力第一，是亚洲重要的服务

---

① 槟城的工业在西马来西亚北部居首位，主要工业有造船、机械、炼锡、建筑、橡胶、印刷及电子等；它是"电子制造业基地"，许多国际电子公司来此设厂，生产电脑配件、电路板或芯片等。槟城的进出口贸易约占全马来西亚的 1/4，是马来西亚参与"一带一路"建设的北部核心区。除工业和贸易外，旅游业及农业在槟城的经济中占有重要位置。旅游上，除了古迹游、探索美食及海滩，还有生态旅游、展览与会议、购物以及医疗旅游。农业上主要种植油棕、稻米、橡胶及水果等。

② 国民阵线是马来西亚的一个政党联盟。

和航运中心之一。2018年全球竞争力排名第二,2018年全球创新指数排名第五。①

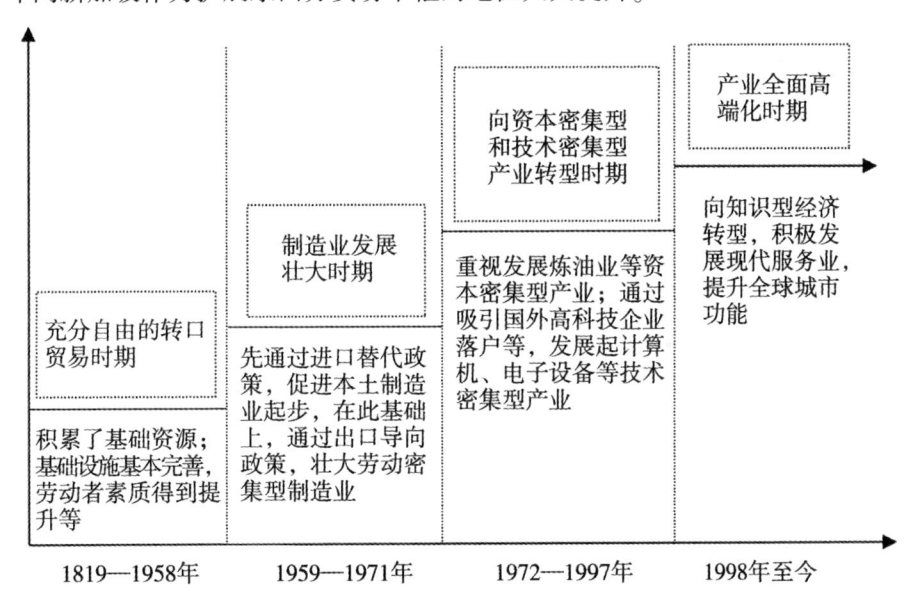

**(一) 新加坡自由港发展历程**

新加坡自由港发展历程大致可以划分为四个阶段(见图1)。

一是1819年至1958年,通过充分自由的转口贸易,积累了基础资源。英国东印度公司史丹福·莱佛士爵士(Sir Stamford Raffles)为在东南亚发展英国势力并抗衡荷兰的商业垄断,于1819年设法取得新加坡治理权并发展转口贸易,将新加坡建设为海上贸易站,1823年正式宣告新加坡为自由港。随着1869年苏伊士运河的开通,以及电报和蒸汽轮船的出现,再加上马来半岛引进橡胶树的种植与锡矿的开采,以新加坡作为加工出口港,1873年至1913年间新加坡作为扩展东西方贸易中枢的地位大大提升。

**图1 新加坡自由港发展历程**

---

① 资料来源:2018年"全球金融中心指数"(Global Financial Centers Index,GFCI)报告;世界银行发布的《2018年全球营商环境报告:改革以创造就业》;2018年博鳌亚洲论坛上发布的《亚洲竞争力2018年度报告》;世界经济论坛发布的《2018年全球竞争力报告》;世界知识产权组织(WIPO)、美国康奈尔大学、欧洲工商管理学院等联合发布的《2018全球创新指数报告》。

二是 1959—1971 年，先通过进口替代政策，促进本土制造业起步，而后通过出口导向政策，壮大劳动密集型制造业。1959 年起，新加坡颁布一系列政策促进本国工业发展，对特定进口商品征税，限制某些外国工业品进口。1961 年，新加坡成立经济发展局培育新产业，建立了多个工业园区①。这一时期，新加坡过分依赖转口贸易的产业结构得到改善，而后政策开始转变。1966 年，已经独立的新加坡政府出台了《自由贸易园区法》，勾勒出自由贸易园区的核心特点，为推进以出口为导向的工业化进程打下基础。1969 年又颁布《自由贸易园区条例》，细化了《自由贸易园区法》的相关内容。1967 年，提出了出口导向战略，实行多种大幅优惠，吸引外资进入出口领域。最终新加坡成功培育起劳动密集型制造业②。到 1971 年，制造业占比达到 30%左右。

三是 1972—1997 年，由劳动密集型制造业向资本密集型和技术密集型产业转型。面对劳动力供给的短缺和工资的上涨，新加坡开始重视发展资本密集型产业③。1972 年制订了"公共工程五年计划"，先后进行了交通、电讯、工业区等公用事业和基础设施及居民区建设。这一时期的新加坡形成了以制造、石化、金融、运输、通讯业为支柱的多元经济结构。以炼油业为例，裕廊石化产业集群使得新加坡成为世界第三大炼油中心④、全球十大石化中心之一和亚洲油产品的报价中心。20 世纪 80 年代初新加坡第二次推进工业革命，大力开发技术和知识密集型产业，使工业部门朝着自动化、电脑化过渡。截至 1997 年，三次产业结构比重为 0.14∶33.01∶66.85。

四是 1998 年至今，新加坡全面创新发展期，向知识型经济转型，积极发展现代服务业，提升全球城市功能，致力于打造全球贸易中心、航运中心、创新中心、金融中心、会议中心、教育中心和医疗保健中心。这一时期，新加坡继续调整经济结构和产业结构：一方面，进一步增强高附加值的技术密集型产业，如将电子产业从低端升级到高端，发展生物医学、环境保护、航

---

① 裕廊工业园区（裕廊自由贸易园区的前身）就是一个典型的例子。
② 主要产业有食品软饮、印刷、服装纺织、木材加工、砖土陶瓷、玻璃、玩具、电子零部件等。
③ 炼油业、石油勘探设备制造业、船舶制造业、房地产业、电器制造业、精密工程制造业等。
④ 裕廊工业区是仅次于美国休斯敦和荷兰鹿特丹的世界第三大炼油中心。

空航天、水务等产业；另一方面，大力发展现代服务业，重点包括旅游、研发、金融和信息资讯等高端服务业。2010年，新加坡樟宜机场自由贸易园区内开辟艺术品储藏服务的专区 Singapore Freeport，仿效全球最主要的艺术品储藏专区——瑞士 Geneva Freeport 的功能设计，提供各项高价资产，如艺术品、珠宝、手表、钻石、贵金属、古董、老爷车、地毯，以及葡萄酒、雪茄等的安全储存①，为新加坡竞争"亚洲艺术品交易中心"增添重要的砝码。

**（二）新加坡自由港全面创新发展的主要政策**

*1. 推出未来经济发展战略，加大核心经济驱动力建设*

2017年新加坡"未来经济"委员会发布《未来经济报告》②，提出新加坡未来10年经济发展策略，希望通过三大途径、七大策略实现新加坡经济每年2%~3%的增长。三大途径分别是保持新加坡开放性，继续与世界接轨；与时并进、精益求精，新加坡人掌握和善用精深技能，企业增强创新能力；新加坡政府、企业和国人要探索新的合作方式，齐心协力落实经济增长。七大策略包括：深化和开拓多元国际关系，掌握和善用精深技能，加强企业创新和扩大规模的能力，加强国家数字化能力建设，打造包容开放的互通城市，落实产业转型蓝图，促进经济增长及技术创新。新加坡"研究、创新与企业2020计划"中明确，研究、创新和企业是新加坡建立一个知识基础、创新驱动的经济和社会的国家发展战略的基石。

*2. 建立"智慧国家"，打通行业资源脉络*

智慧城市已成为新加坡治国精髓。2015年新加坡提出"智慧国家2025"，其理念核心是连接（Connect）、收集（Collect）和理解（Comprehend）。通过"连接"提供一个安全、高速、经济且具有扩展性的全国通讯基础设施，"收集"则是指通过遍布全国的传感器网络获取更理想的实时数据，并对重要的

---

① 由于毗邻樟宜机场，空运到新加坡的货物能够安全地通过机场内部道路运往自由港，为此项业务提供了便利性和灵活性，也由于其靠近机场还使国际收藏家方便造访其储存的贵重物品，并设有私人画廊，供收藏家展览珍藏，且买家可预约后到场参观，进行买卖，企图打造亚洲地区的艺术品珍藏与交易中心，包括佳士得集团在内，许多艺术品收藏家、拍卖行、银行、博物馆等纷纷进驻。

② 新加坡"未来经济"委员会（The Committee on the Future Economy，CFE）于2015年成立，该委员会将围绕"五大未来"实现向创新和创值经济体的转型展开工作，即未来的工作、企业、资源、科技及市场。

传感器数据进行匿名化保护、管理以及适当进行分享。"理解"是通过收集来的数据，尤其是实时数据，建立面向公众的有效共享机制，通过对数据进行分析，以更好地预测民众的需求、提供更好的服务。为了确保计划目标实现，新加坡制定了4项战略，涵盖了基础设施建设、资讯通信产业的发展、人才培养、经济的提升①。

**3. 坚持智慧绿色理念，着力打造下一代港口**

智慧绿色理念融入港口系统工程，贯穿政策制定、码头开发与运营、技术创新、日常管理等过程。强调技术创新及应用，并注重技术集群培育。注重优化基础设施。通过规章、税收和奖励等措施，建立积极有效的激励机制。一是先进的信息管理系统。新加坡注重通过先进的信息系统进行管理，建有海事"单一窗口"，通过3个Net系统（TradeNet、PortNet、MarineNet），集合政府职能部门、航运公司、物流企业、金融和法律服务机构等一起高效运作。为进一步提高通关效率，近年来，新加坡进一步建设了互联贸易平台（NTP）。2015年7月，新加坡港航局（MPA）与IBM合作，启动基于意义建构分析的港口和海上事件识别（sense-making analytics for maritime event recognition）系统。二是投资建设第四代集装箱港口（CP4.0），使用智能技术，为港口、航运及物流园区的广大顾客和利益相关者提供持久服务。三是强化技术研发和技术集群，提高港口竞争力，将新加坡建立成为海事知识与创新顶级研究中心之一。MPA和新加坡港务公司（PSA）成立了PSA unboxed基金项目、"生活实验室"（PSA Living Lab）、海事创新与科技基金（Maritime Innovation & Technology，MINT）等项目，以为港口自动化、人工智能（AI）优化、海洋环境、导航安全、海事贸易和金融生态系统交易解决方案等领域的研究提供雄厚资金支撑。四是打造绿色港口，启动"新加坡海洋绿色倡议"（Maritime Singapore Green Initiative，MSGI）②，减轻船舶以及相关活动对环境造成的污染。

---

① 构建下一代全国资讯通信基础设施；发展具有全球竞争力的资讯通信产业；培养具有全球竞争力的信息化专业人才；利用信息通信技术提升数字媒体与娱乐、教育培训、金融服务、旅游零售和电子政府等9大经济领域的发展水平。

② 该倡议包含多个项目发展，如绿色船舶计划（Green Ship Programme，GSP）、绿色港口计划（Green Port Programme，GPP）以及绿色科技计划（Green Tech Programme，GTP）。

### 4. 维护自由贸易，构建以规则为基础的贸易体制

2018年3月，新加坡与11国签署了《全面与进步跨太平洋伙伴关系协定》（CPTPP），10月与欧盟达成自由贸易和投资保护协议①，11月与中国签署《自由贸易协定升级议定书》。此外，还在努力缔结《区域全面经济伙伴关系协定》（RCEP）。②

### （三）自由港海关监管制度

#### 1. 依托智能化集成服务，大幅度提升通关效率

新加坡海关利用新加坡全球领先的贸易网络系统，高效处理进出口的申报、申请等业务，绝大多数进出口商的申报在10分钟内即可获得结果。随着贸易网络系统功能的不断完善，通关和贸易也越来越便利。

1989年开始实施的"单一窗口"贸易网（TradeNet），使全国国际贸易主管机构③相互连接、信息共享，与进出口（包括转口）贸易有关的申请、申报、审核、许可、管制等全部手续均可通过它进行，避免了多次录入数据，方便了数据流转。该系统实施后，每单处理时间由之前的2~7天缩短到了10分钟以内，每单费用由6~12美元降低为2美元，需要递交的文件数量由3~35件减少为1件。2007年，由海关牵头、多部门共同建设的商贸讯通（TradeXchange）发布，进一步优化了商业流程、简化了申报需求，使主要产业企业与其客户及供应商相互连接，实现商业单证（如发票、装箱单、订单等）的交换，还与国外网络相连，成为真正的多系统的单一接口。

2016年9月，新加坡又推出了互联贸易平台（NTP）④，提供超出以上现有的系统所提供的服务，以协助企业的数字化转型，并简化贸易流程，提高

---

① 新加坡将降低来自欧盟的所有产品的关税。欧盟将取消84%的新加坡产品的关税，剩余的16%在三到五年内取消。该协议将取代现有的双边条约，并为投资者建立新的争议解决机制。

② 2020年11月15日，包括新加坡在内的东盟10国，以及中国、日本、韩国、澳大利亚、新西兰共15国已正式签署RCEP。2022年1月1日，RCEP正式生效。

③ 包括海关、检验检疫、税务、军控、安全、经济发展局、企业发展局、农粮局等35个政府部门。

④ 它的目标是：成为一个与其他平台相连接的一站式贸易信息管理系统；提供广泛的贸易相关服务的下一代平台；拥有跨行业数据、有利于发展洞察力和新服务的开放式创新平台；为使数据能够重复利用以降低成本和简化流程，在源头进行数字化的文档中心。

生产力和竞争力，为新加坡企业创造商机，并加强新加坡贸易中心的地位。该平台旨在把贸易商、物流服务公司、货运公司和银行等行业的企业聚集在同一平台，让贸易商在这个平台获得各种政府和商业服务。它能够提供政府服务、公司信息中心（整合申请进度等信息）、社群网络（业界讨论交流平台）、文件交换、任务提醒与信息传递等功能，并拟提供洞察市场、寻找买家、制作单据、贸易融资、运输安排、海关申报、货物跟踪、报告和结算8个模块的集成增值服务。

2. 轻税开放、合规自律，促进贸易便利化

一是新加坡进出口环节的税负较低，降低了货物进出口成本，便利了贸易和往来。在货物和劳务税方面，税率仅为7%，对于旅客还有100新元或500新元的减免额度。在关税和消费税方面，除致醉的酒类、烟草制品、机动车、石油、天然气和生物柴油混合物外，所有货物均无须缴纳这两项税。另外，对于这四类应税货物，也有特定减免税优惠。

二是实行开放的进出口政策，约90%的货物可以自由进出新加坡，仅对10%的货物出于履行国际协定义务或健康、安全等原因，实行许可证管理或禁止。危险品、武器、农产品、食品、药品、化妆品等特殊货物，或针对特定地区的进出口，需要申请许可证。

三是基于企业的合规自律，统筹各项贸易便利化计划。新加坡海关于2011年启动了TradeFIRST贸易便利化风险集成系统，对所有希望申请海关的便利计划或许可证的企业进行评估。按照风险管理的理念，TradeFIRST从公司概况、公司的程序和流程、公司的安全管理、库存管理、各计划的其他特定要求、合规表现6个方面，免费对企业进行全面评估，等级越高的企业风险越小，能够享受的贸易便利化程度也越高[①]。通过这样的激励措施，海关能够以合作而非对抗的方式，就公司的改进领域提供建议，促使企业守法合规并改进管理。

3. 加强合作，高效防控口岸风险

海关与相关检验检疫部门配合，对农产品和食品、动植物、药品、化妆

---

[①] 每个参与公司都有一位专门的负责经理，全过程跟进对该公司的评估审核及续期，并为该公司服务。根据评估结果，便利程度分为基本、标准、中间、加强及高级5个等级，对应不同的海关便利化计划。例如，基本等级只能享受最基本的几项：对2000新元及以下业务的安全豁免、临时进口计划、TradeNet账户、货运代理的进口授权计划、原产地证书。高级等级自然享受更高等级的所有便利。

品等商品的进口进行监管。新加坡进口食品的主管部门是食品局,所有贸易商必须在获得食品局颁发的执照和进口许可后,才能在新加坡从事食品进口业务。进口非食用动植物和野生动植物的主管部门是国家公园局下的动物和兽医管理局,经营者进口这些动物、植物须符合国家公园局规定的标准。进口药品、化妆品的主管部门是卫生科学局(HSA)。所有从事药品进口、批发、零售以及出口的经营者需向 HSA 取得相关许可方可开展业务。进口药品和化妆品前,经营者需向 HSA 如实申报相关信息,获得批准后方可进口。HSA 对进口的相关产品进行抽检,一旦与申报不符,即取消其经营相关产品的资格。

"单一窗口"会自动对货物进行判别,属于进口受控货物的(上述货物都在此列),数据会自动流向货物监管主管部门,相关法定机构对其进行检验,必要时开展实验室检测,在检验合格后方可出证或者通过批准。报关阶段,需要有关部门批准方可进出口的货物,需要具备批准通知或许可证。

### 三、中国香港自由港,背靠祖国、面向世界的桥头堡

自 1841 年宣布实行自由港政策至今,中国香港自由港已经由单一的转口贸易港发展成为经济结构多元化的自由港。截至 2019 年,中国香港连续 24 年被美国传统基金会评选为全球经济最自由的地方[①]。100 多年来,自由港政策真正渗入中国香港经济社会的肌体之中,是铸造全球重要的国际金融、贸易、航运和国际创新科技中心的稳固根基。

#### (一)中国香港自由港发展历程

中国香港自由港的发展,大致划分为转口贸易型、加工贸易型、综合型和跨区域综合型 4 个阶段(见图 2)。

---

① 资料来源:美国传统基金会和《华尔街日报》联合发布的《2019 全球经济自由度指数》(2019 Index of Economic Freedom)报告。

```
┌─────────────────────────────────────────────────────┐
│                                      跨区域综合型    │
│                              综合型                  │
│                    加工贸易型                        │
│          转口贸易型                                  │
└─────────────────────────────────────────────────────┘
   1841—1949年  1950—1978年  1979—1996年  1997年至今
```

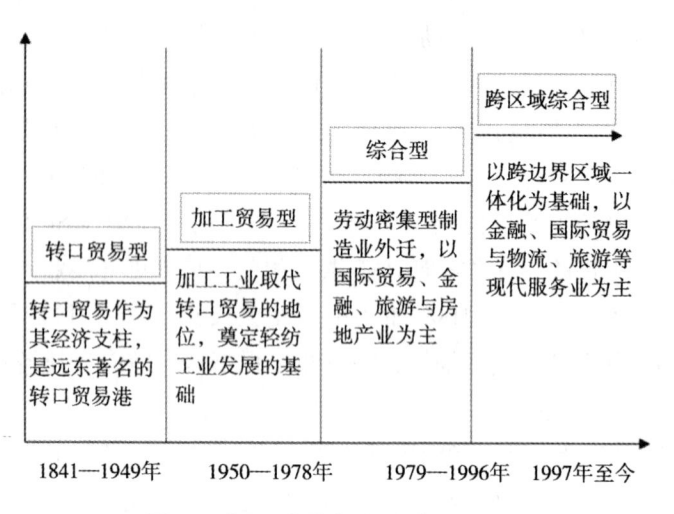

**图 2　中国香港自由港发展历程**

一是 1841—1949 年，转口贸易型自由港阶段。从被确立为自由港到被日本侵占前①，中国香港向全世界商船开放，允许商品自由进出、免征关税。在此政策之下，中国香港凭借优越的区位条件，从一个以渔农业为主的小岛逐步转变为以转口贸易为主的城市。

二是 1950—1978 年，加工贸易型自由港阶段。由于中国香港货物进出口自由，外汇不受管制，税率低，水陆交通便利，港口仓库设备先进，航运业货柜化，加工贸易型自由港高速发展。

三是 1979—1996 年，综合型自由港阶段。20 世纪 60 年代初以后，香港的饮用水和农副产品主要依赖内地供应，内地与香港之间贸易额迅猛增长。随着我国实行对外开放政策以及亚太区域经济一体化发展，香港及时抓住机遇，将劳动密集型产业向珠江三角洲地区转移，推动香港经济转型升级，同时利用在市场、资金、管理等方面的优势，服务内地，成功转型为综合服务型自由港。

四是 1997 年至今，跨区域综合型自由港阶段。中国香港是世界贸易组织的创始成员之一，是亚太经济合作组织的积极参与者，是亚洲发展银行和世界海关组织的正式会员，这些都为自由港的持续发展创造了条件。中国香港

---

① 1941 年 12 月 25 日至 1945 年 8 月 15 日，日本占领中国香港期间，中国香港不再是自由港。1946 年 5 月英国人杨慕琦（Sir Mark Aitchison Young）复职香港总督后，颁布法令宣布进出口贸易自由，中国香港恢复其自由港的地位。

自由港的地位在回归祖国后得到了充分的保障。《中华人民共和国香港特别行政区基本法》第一百一十四条规定"香港特别行政区保持自由港地位，除法律另有规定外，不征收关税"，第一百一十五条规定"香港特别行政区实行自由贸易政策，保障货物、无形财产和资本的流动自由"。在现代服务业方面，香港大力促进金融、国际贸易与物流、旅游业等的发展，并取得长足进步。以金融业为例，1997年其占香港生产总值的比重为11.8%，2017年则上升到18.95%。在鼓励新兴产业发展方面，为减少对金融业和地产业的依赖，香港特别行政区政府创建了6个新的"支柱产业"①，作为经济增长的长期领域。在与内地的经济关系方面，香港和内地特别是珠三角地区区域分工合作深入发展。2003年，内地与香港、澳门特别行政区政府分别签署了《关于建立更紧密经贸关系的安排》（CEPA），推行了多项金融业、贸易和物流业的开放措施，以及贸易投资便利化措施。2017年7月1日，《深化粤港澳合作 推进大湾区建设框架协议》在香港签署。2019年2月，《粤港澳大湾区发展规划纲要》发布。2018年，内地与香港货物贸易额3105.6亿美元，同比上升8.4%，占内地对外货物贸易总额6.7%；内地对香港出口3020.7亿美元，同比上升8.2%；自香港进口84.9亿美元，同比上升16%；贸易顺差2935.8亿美元。香港是内地第六大贸易伙伴和第四大出口市场。2018年，内地对香港非金融类直接投资700.5亿美元，占投资总额1205亿美元的58.1%，同比增长25.1%。截至2018年12月底，内地对香港非金融类累计直接投资6223.7亿美元，占投资存量总额的52.7%（截至2018年12月底为11818.2亿美元）。在"一国两制"的优势下，香港的"超级联系人"角色正愈加丰满。

**（二）中国香港近年来开放创新发展的主要举措**

**1. 聚焦短板弱项，推进营商环境优化**

香港特别行政区政府围绕《营商环境报告》中指出的问题，系统部署、协调优化营商环境，并成立方便营商咨询委员会、效率促进办公室等常设机构。2007年初推行"方便营商及精明规管"计划，29个决策局/部门积极推行改善措施，重点改善政府发牌制度的"方便顾客程度""效率""透明度"，

---

① 环保产业、检测认证、医疗服务、教育服务、文化及创意产业、创新与技术产业。

降低商界遵从规管的成本①。2012年推出"遵规成本架构"②，协助各部门系统地计算遵规成本，研究降低业界的遵规成本。在香港特别行政区政府"一站通"网站设立营商咨询电子平台，商界可通过这个平台查阅各项咨询建议中对营商可能有影响的规例、行政措施和程序的咨询数据，并提出意见。2019年，针对营商环境排名企业"解决无力偿债"得分下跌，设立法定企业拯救程序拟备条例草案会，确保香港的公司破产制度与时俱进，以期更有效管理清盘事宜和加强对债权人的保障。

**2. 支持香港经济发展，巩固和提升三大国际中心地位**

一是巩固和提升香港的国际贸易、航运中心地位。2017年4月香港成立海运港口局，构建高层次的官产学合作平台，让业界和政府携手制定海运及港口发展的策略。首先，落实船舶或港口等硬件设施改善，包括把葵青货柜码头的港池和进港航道由15米挖深至17米，让大型货柜船可不受潮汐影响进出货柜码头。分阶段为货柜码头提供港口后勤用地，扩大货柜堆场空间和增设驳船泊位，提升处理货物的效率。其次，发展香港高增值海运服务。现在香港有超过800家与海运服务相关的公司，可为业界提供多样的海事服务。再次，在海事保险和海事仲裁领域发挥区域性的作用，吸引国际海事保险联盟和多间国际仲裁机构来港设立分部。二是巩固和提升香港国际金融中心地位。中央政府出台了一系列支持香港发展的金融政策措施，特别是党的十八大以来，以人民币国际化为契机，推动香港发展成为全球最大的人民币离岸中心，推动两地金融市场互联互通，积极支持香港参与"一带一路"建设，不断深化两地金融合作，巩固和提升香港国际金融中心地位，共同维护香港

---

① 资料来源：香港政府一站通，《有关"精明规管"计划》。
② 三个主要类别的遵规成本，包括行政成本（例如公司内部员工处理相关文书工作的成本）、实质开支（例如购买相关设备的开支）以及政府和规管机构的收费（例如相关牌照费）。

金融稳定。2017年香港加入"全球金融创新网络"计划①，旨在为创新型公司提供与监管机构的高效互动，为企业提供试验跨境业务方案的环境。2019年2月公布的《粤港澳大湾区发展规划纲要》中，也进一步明确了支持香港巩固和提升国际金融、航运、贸易中心和国际航空枢纽地位。

**3. 加强科技合作，聚力打造国际科技创新中心**

一是深化与内地科技创新合作。2017年，与深圳签署《关于港深推进落马洲河套地区共同发展的合作备忘录》，引导和聚集国内外优质高科技企业、研发机构、高等院校进驻园区，推动"港深创新及科技园"成为科技创新的高端新引擎、深港合作的战略新支点。2018年签署《内地与香港关于加强创新科技合作的安排》，作为两地科技创新合作的框架性文件和基础依据，建立两地科技创新合作重要政策和重大事项协商机制，支持香港建设国际创新科技中心。二是凝聚共识，发展本地创新及科技产业。2015年成立创新及科技局②，吸引两家世界顶级学府在香港设立分支机构③。发布《香港智慧城市蓝图》，利用创新及科技提升城市管理成效，增强香港的吸引力和可持续发展能力。2018年，香港特别行政区政府额外预留500亿港元，支援香港创新科技发展，打造"医疗科技创新平台""人工智能及机械人科技创新平台"两大平台④。

---

① "全球金融创新网络"构建基于英国金融行为监管局2017年年初的提议，旨在为创新型公司提供更有效与监管机构进行互动的方式，协助他们在不同地区开拓新业务。网络亦将为金融服务监管机构之间就创新相关议题建立合作框架、分享经验和理念。目前参与"全球金融创新网络"工作小组的机构有阿布扎比国际金融中心、加拿大魁北克省金融市场管理局、澳大利亚证券与投资委员会、巴林中央银行、美国消费者金融保护局、迪拜金融服务管理局、英国金融行为监管局、格恩西岛金融事务委员会、中国香港金融管理局、新加坡金融管理局、加拿大安大略省证券事务监察委员会和世界银行集团扶贫协商小组。

② 香港特别行政区政府下属的专门推动科技、信息及产学研协同发展的第13个决策局。

③ 瑞典卡罗琳医学院在中国香港成立其在海外的首家分支机构"卡罗琳中国香港再生医学中心"。美国麻省理工学院在中国香港成立创新中心，这是该校在海外首个以创新为主题的中心。

④ 200亿港元将用于落马洲河套区港深创新及科技园第一期，包括土地平整、基础设施、上盖建设和早期营运。向创新及科技基金注资100亿港元，继续支援香港的应用研发工作。预留100亿港元支持建设"医疗科技创新平台""人工智能及机械人科技创新平台"，吸引世界顶尖的科研机构和科技企业来港。

### (三) 中国香港自由港海关监管制度

**1. 报关、清关简便，便利货物、人员往来**

中国香港进出口报关手续十分简便。香港海关规定，除转运货物、过境货物、船舶补给品（包括燃料舱燃料）、飞机补给品（包括飞行燃料）、私人行李（汽车除外）、价值4000美元以下的邮包等16种情况外，均需报关，货物在进出境14日内呈交准确完整的报关单即可，且报关费较低。

在货物清关方面，香港海关一般只要求舱单和相关文件①作为清关文件。为加快清关，海关采用了多个电子货物清关系统（空运货物清关系统、电子货物舱单系统、道路货物资料系统），方便从事航空、海路及陆路货运业的经营商预先递交货物资料。旅客清关方面，香港在各入境管制站实施"红绿通道"（即申报通道和无须申报通道）系统。

除常规通关方式外，香港海关推出了一系列便捷通关策略，如"海易通计划"为海运货运代理提供了一种电子渠道，从而预先向海关提交副提单数据，简化海关清关程序；"认可经济营运商计划"以自愿和信任管理为基础，通过与业界的伙伴关系，来加强国际供应链安全并便利合法货物的流动。

**2. 低税负，降低商品流动成本**

作为自由港，香港海关只对酒类、烟草、碳氢油类和甲醇四种商品征税，对于旅客携带自用饮用酒类、烟草，还有一定的免税优惠，这极大降低了货物进出香港的成本，减轻了往来旅客的负担。

**3. 强化资质管理，保障贸易有序进出**

香港对往来货物物品管制较少，仅出于公共健康和安全、生态环境、税收保障、知识产权保护、国际义务等的考虑，对某些商品实行管制。香港海

---

① 进口证/出口证或移走许可证（如需要）、扣留通知书副本（如适用），及/或其他证明文件，例如提单、发票、装箱单等。

关在口岸贯彻执行特区的各项进出口管制①。如为保障税收及管理应税品，香港海关要求进口、出口或制造应税品的，以及存放未被豁免缴纳税款或未曾缴税的应税品的，必须向其申请相关牌照。拟运走应税品，也须向海关申请许可证。

**4. 加大执法力度，维护良好市场环境**

一是保障消费者权益。香港海关依法②负责保障消费者在度量衡、玩具及儿童产品安全、消费品安全、商品说明等方面的权益。二是保护知识产权。香港海关约有400名人员专门负责打击知识产权侵权，不仅在口岸上执法，还在香港全境内有效地打击归其管辖的侵犯知识产权行为。③ 香港海关采取双管齐下的策略，分别从供应及零售层面打击盗版及冒牌货活动。在供应层面上，致力于从进出口、制造、批发及分销层面打击盗版及冒牌货活动；在零售层面上，香港海关在各零售黑点持续采取执法行动，以杜绝街头的盗版及冒牌货活动。此外，香港海关积极引导建立一个由知识产权所有者、企业、协会、律所、公民等主体共同参与的协同治理体系，如联合知识产权业界成

---

① 进口管制的物品范围包括：动植物，受管制化学品，危险药物，应税品，爆炸品，军火及弹药，食物，传染性物品，汽车，光碟母带及光碟复制品的制作设备，耗蚀臭氧层物质，中药材及中成药，除害剂，药剂产品及药物，订明物品，放射性物质及辐照仪器，无线电发送器具，食米，冷藏或冷冻肉类及家禽，野味、肉类、家禽及蛋类，沙粒，无烟烟草产品，战略物品，未经加工的钻石，废物，有毒化学品，武器。

出口管制的物品范围包括：动植物，受管制化学品，危险药物，应课税品，爆炸品，军火及弹药，光碟母带及光碟复制品的制作设备，耗蚀臭氧层物质，除害剂，药剂产品及药物，中药材及中成药，订明物品，无线电发送器具，食米，沙粒，战略物品，未经加工的钻石，废物，有毒化学品，武器，配方粉。

② 执法依据：《度量衡条例》《玩具及儿童产品安全条例》《消费品安全条例》《商品说明条例》。

③ 香港海关主要依据《香港法例》第528章《版权条例》、第544章《防止盗用版权条例》以及第362章《商品说明条例》，在侵犯版权、防止盗用版权、伪冒商标方面开展执法。

立了保护知识产权大联盟①。香港海关负责执行一切有关侵犯知识产权的刑事工作，负责调查涉嫌侵犯商标、版权以及虚假说明的投诉。香港海关具有搜查权和扣押权，与海外执法机关、商标和版权拥有人合作，共同打击相关侵犯行为，如联合业界成立保护知识产权大联盟等。三是打私。香港海关依据《进出口条例》防止及侦缉走私活动，通过发放许可证，检查经海、陆、空进出口货物，在各出入境管制站检查旅客及其行李，搜查抵港和离境的飞机、船只和车辆，有组织罪案调查等对违禁品采取管制。在适当的情况下会引用《有组织及严重罪行条例》，加强阻吓效果。另外，通过海域联合特遣队，海关和警务处联合打击香港水域内的走私活动。四是缉毒。除了在各出入境管制站堵截毒品外，香港海关针对全港集团式贩毒活动，展开积极的调查工作和监视行动。为提高缉毒工作的成效，海关广泛利用先进科技仪器，例如流动 X 光车辆检查系统及车辆 X 光检查系统。

（执笔人：万中心　田仲他　程前）

---

① 保护知识产权大联盟推出三个合作计划，鼓励知识产权业界的不同组别和成员建立起更紧密的合作关系。"青少年打击网上盗版大使计划"，让青少年直接参与打击网上盗版活动，共同遏止利用软件在互联网上分享侵权电影、电视剧、音乐和漫画等。为维护网上拍卖诚信的"拍卖以诚，除伪守正"计划，在该计划下拍卖网站营运商加强对拍卖品的监管，产权拥有人一旦发现被侵权，会立即通知海关及该拍卖网站。"快速行动计划"旨在针对性打击大型展览会上展出的侵权物品，其通报机制有别于海关一般的备案程序，当品牌或版权持有人正式进行举报时，海关可以加快处理。

# 分报告四
## 新加坡自由港海关监管制度

本报告从新加坡海关组织结构和执法依据、进口环节税收政策、海关对进出口货物的监管程序、智能化集成和高标准的海关服务、维护贸易安全的做法、海关便利化项目管理等方面，对新加坡自由港海关监管制度进行了分析，以期为海南建立与高水平自由贸易港相适应的海关监管制度提供借鉴。

### 一、新加坡海关组织全、历史久、执法依据完善

新加坡海关隶属财政部，负责贸易便利化和税收执法，于2003年4月1日重组，将税收征管和执法、贸易文件处理、贸易便利化和安全等职能进行了整合。新加坡海关历史沿革见表1。

表1　新加坡海关历史沿革

| 时间（年份） | 代表事件 |
| --- | --- |
| 1910 | 海峡殖民时期，英国殖民当局为控制鸦片和烈酒收入，设立了英国政府垄断部（British Government Monopolies Department） |
| 1938 | 由于对税收的依赖，1935年上述部门改名为税务部，1938年又改为海关和税务部（Department of Customs and Excise，CED） |
| 1969 | 新加坡的第一个自由贸易园区成立 |
| 1975 | CED成为海关合作事会（世界海关组织的前身）的一员 |
| 1989 | 推出TradeNet，这是世界上第一个全国性的电子数据交换系统，用于无纸化的贸易文件清关 |
| 1990 | CED在贸易便利化方面的作用日益重要，代表新加坡参加与东盟、亚太经合组织和世界贸易组织等的谈判 |

续表

| 时间（年份） | 代表事件 |
| --- | --- |
| 1994 | 随着货物服务税的引进，除了烟草、烈酒、石油和汽车四项外，所有货物服务税均从应税品清单中除名 |
| 2003 | CED 重组为新加坡海关，担当贸易便利化和税收执法的角色 |
| 2007 | 新加坡海关推出 TradeXchange，一个连接贸易和物流社区的 IT 平台。新加坡国家供应链安全计划"安全贸易伙伴关系"正式启动 |
| 2010 | 新加坡海关成立 100 周年庆典 |

资料来源：新加坡海关官网。

新加坡海关（正式场合一般称作"新加坡关税局"）由贸易处、合规处、人力资源处、政策及计划处、检查站处、情报及调查处、单位服务处、信息科技处、内部审计办公室等部门组成。其组织结构如图 1 所示。

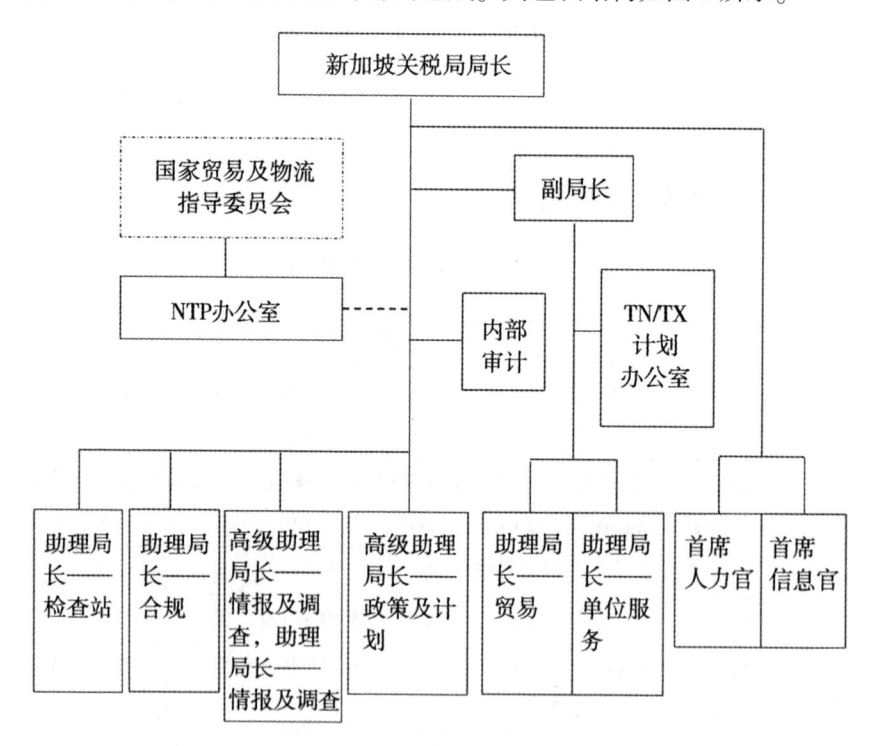

**图 1 新加坡海关组织结构**

资料来源：根据新加坡海关官网的组织结构图（2018 年 11 月 1 日）绘制。

新加坡海关全面执行《海关法》及附属法规、《货物和劳务税法》及附属法规、《进出口管理法》及附属法规、《自由贸易园区法》及附属法规、《战略物资（管制）法》及附属法规、《化学武器（禁止）法》及附属法规等，以建立公众和企业对新加坡外贸制度的信任，促进贸易和保障税收。

## 二、新加坡进口环节的税负较低

### （一）关税和消费税

新加坡进口环节涉及三种税负：关税（customs duty）、消费税（excise duty）、货物和劳务税（Goods and Services Tax，GST）。新加坡海关所称应税商品（dutiable goods）、免税商品（non-dutiable goods）、免税优惠（duty-free concession）等说法，针对的是"duty"，即关税和消费税，不包括作为"tax"的货物和劳务税。

新加坡只对致醉的酒类、烟草制品、机动车、石油、天然气和生物柴油混合物四种商品征收关税和/或消费税。税率是以从价方式或按特定比率计算的。从价税率是商品海关完税价格的某一百分比（例如，海关完税价格的20%）。特定比率是对每单位重量或其他数量的货物，收取某一特定金额（例如每千克388新元）。

### （二）货物和劳务税

货物和劳务税（简称货劳税）是对所有进口到新加坡的商品都征收的，税率为7%（截至2022年年底）[①]。计算所用基数为以下两者之一：商品的完税价格，加上全部关税和消费税；或者当有超过一次销售时，为最后销售价格，加上全部关税和消费税（当最后买家是申报缴税的一方时）。

免税商品和应税商品的计算方法不同。免税商品是7%×海关完税价格或最后售价，应税商品是7%×（海关完税价格或最后售价+应纳税额）。

---

① 自2023年1月1日起，新加坡货劳税标准税率由7%提升至8%。自2024年1月1日起，标准税率将进一步升至9%。但为与当时的研究思路保持一致，本书仍以7%的货劳税税率进行分析和比较。

### (三) 旅客享受的免税优惠和货劳税豁免

**1. 免税优惠**

符合条件的旅客①可以在额度内携带供个人消费的酒类免税进境,即从表2的A、B、C、D、E五项中,任意选择一种免税额度组合。在新加坡境外购买的酒类产品,以及在新加坡免税购物店购买的酒类产品,均可享受免税优惠。超过免税额度或代他人携带的需缴纳税款。

表2 免税额度组合

| 类别 | 烈酒 | 葡萄酒 | 啤酒 |
| --- | --- | --- | --- |
| A | 1公升 | 1公升 | — |
| B | 1公升 | — | 1公升 |
| C | — | 1公升 | 1公升 |
| D | — | 2公升 | — |
| E | — | — | 2公升 |

资料来源:新加坡海关官网。

在新加坡,香烟及烟草制品,以及通过集装箱运输的汽油及柴油产品,不享有免税优惠,也不享有货劳税豁免。

**2. 货劳税豁免**

入境旅客携带在境外购买的新的物品和食品供个人使用或消费,可以视该旅客在新加坡境外逗留的时间,享受一定额度货劳税豁免(见表3),超过额度的部分需支付货劳税。但这一豁免不适用于致醉的酒类、烟草或为商业目的进口的商品;持有新加坡政府签发的工作准证、就业准证、学生准证、家属准证或长期准证的人员,或者机组人员、船员,也不能享受货劳税豁免。

表3 对在新加坡境外逗留不同时间的旅客的货劳税免征额

| 旅客在新加坡境外逗留的时间 | 免征货劳税的商品金额 |
| --- | --- |
| 达到或超过48小时 | 500新元 |
| 48小时以内 | 100新元 |

资料来源:新加坡海关官网。

---

① 符合条件的旅客是指:年满18周岁;在抵达新加坡前已在新加坡境外逗留48小时或以上;不是从马来西亚入境;酒是供自己消费的,而且所携带的酒不被禁止进口到新加坡。

旅客有责任准确而完整地申报所有超过其所拥有的免税额度，以及货劳税免征额度的商品，包括为他人或代表他人而携带的商品。没有在红色通道[①]申报的旅客，可能会被罚款和起诉。

### (四) 进口货物可以暂免纳税的情况

进口商进口货物到新加坡，必须向新加坡海关申报。免关税和消费税的货物，依然需要缴纳货劳税。货物进入新加坡时是否可以暂免缴纳关税、消费税、货劳税，分如下几种情况（见图2）。

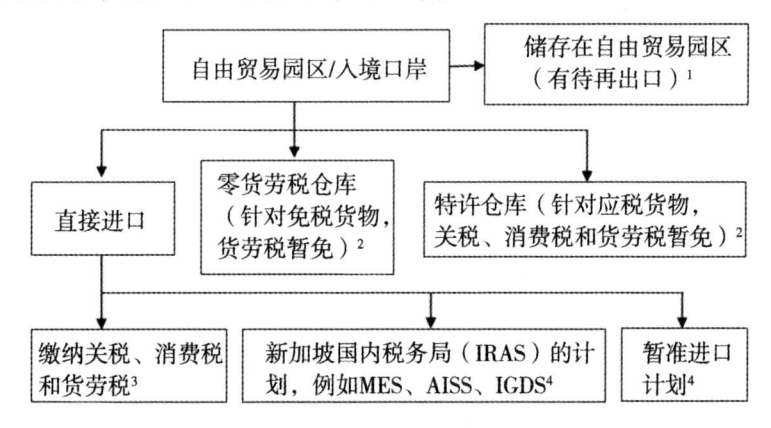

```
                  ┌──────────────────┐     ┌──────────────────┐
                  │ 自由贸易园区/入境口岸 │────▶│ 储存在自由贸易园区 │
                  │                  │     │ （有待再出口）[1] │
                  └──────────────────┘     └──────────────────┘
                     │       │       │
          ┌──────────┘       │       └──────────┐
          ▼                  ▼                  ▼
    ┌──────────┐   ┌──────────────────┐   ┌──────────────────┐
    │ 直接进口 │   │ 零货劳税仓库     │   │ 特许仓库（针对应税货物，│
    │          │   │ （针对免税货物， │   │ 关税、消费税和货劳税暂免）[2]│
    │          │   │ 货劳税暂免）[2]  │   │                  │
    └──────────┘   └──────────────────┘   └──────────────────┘
          │                  │                  │
          ▼                  ▼                  ▼
    ┌──────────┐   ┌──────────────────┐   ┌──────────┐
    │ 缴纳关税、│   │ 新加坡国内税务局（IRAS）的计划│ 暂准进口 │
    │ 消费税   │   │ 例如MES、AISS、IGDS[4]│   │ 计划[4] │
    │ 和货劳税[3]│  │                  │   │          │
    └──────────┘   └──────────────────┘   └──────────┘
```

**图2　不同情况下货物进口的税收征管**

资料来源：根据新加坡海关官网上的信息绘制。

注：1. 当货物停留在自由贸易园区内时，关税、消费税和货劳税暂免。2. 当货物从入境口岸或自由贸易园区移至零货劳税、特许仓库等海关特许经营场所时，只要货物储存在特许经营场所，相关税收便暂免。3. 如果货物直接进入本地流通，则需要缴纳关税、消费税（对应税货物而言）和货劳税。4. 根据国内税务局（IRAS）相关计划或新加坡海关暂准进口计划等获得税收减免的货物，无须缴纳相关税款。IRAS 相关计划，包括主要出口商计划（MES）、准许暂免进口货劳税计划（AISS）、进口货劳税延期支付计划（IGDS）。

---

[①] 红色通道与绿色通道相对，也称申报通道，是指旅客须填写申报单、经海关履行检查手续后，方可放行的通道。

### (五) 特殊减免规定

进口样品时，须缴纳的关税和消费税不超过 20 新元的应税商品，无须缴纳关税和消费税。到岸价不超过 400 新元的非应税商品，以及须缴纳的关税和消费税不超过 20 新元且到岸价不超过 400 新元的应税商品，无须缴纳货劳税，其他情况均需缴纳货劳税。其间，样品不得销售、消费、正常使用或以任何方式用于雇用或奖励。

对于邮寄或从快件渠道进口的新旧物品、网上所购商品、礼品等，如果是邮递或空运进口的商品（但不包括致醉的酒及烟草），则到岸价不超过 400 新元的可免除货劳税。如果是其他运输方式（例如海运和陆路）进口的商品，除非有特别说明，否则不免除货劳税。

进口下列临床试验用品到新加坡，可以免除货劳税：一是用于在新加坡开展规定的临床试验的医药产品、治疗产品及其安慰剂；二是在新加坡以外进行任何临床试验所用的医药产品、治疗产品及其安慰剂，进口到新加坡做销毁或清理；三是在新加坡以外进行任何临床试验所用的治疗产品及其安慰剂，进口到新加坡为出口用途。[①]

进口休闲船艇供本地使用，一般要缴纳货劳税。不过，用于娱乐、休闲、体育或其他类似活动的暂准进口，且靠自身引擎或船帆推进的船艇，可以减免货劳税，并允许在没有许可证的情况下进口。休闲船艇在完成进口目的以后，必须离境。如果该船艇随后在本地出售、处置或转让，则须缴纳货劳税。

---

① 在申请免货劳税进口试验用品前，进口商需符合以下要求：一是进口这些试验用品应获得卫生科学局的必要批准和/或通知；二是如果这些试验用品进口到新加坡是为了进行销毁或清理，应获得国家环境局的批准；三是在新加坡海关注册账户。

## 三、新加坡海关对进出口货物的监管程序

### （一）贸易商进口货物到新加坡的程序（见图3）

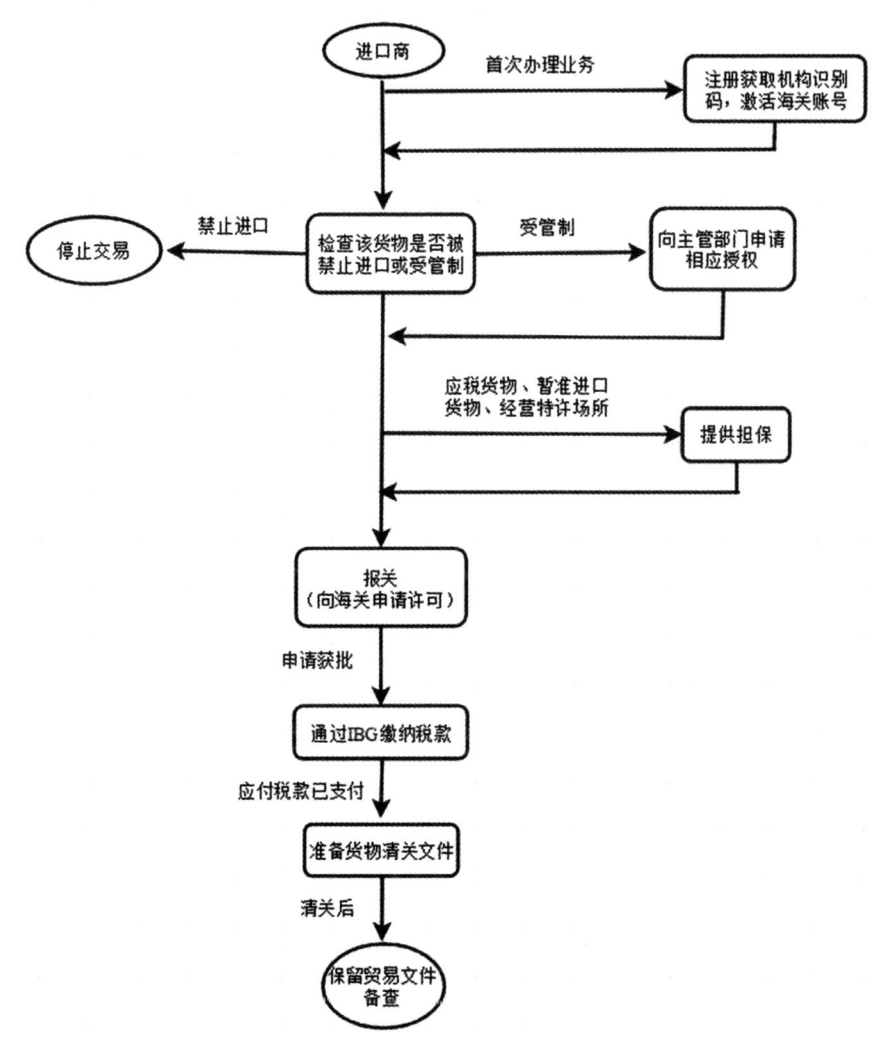

**图3 货物进口程序**

资料来源：根据新加坡海关官网信息绘制。

### 1. 注册获取机构识别码，激活海关账号

在会计与企业管理局或机构识别码（Unique Entity Number，UEN）发放机关注册，获取机构识别码，并激活其海关账号。激活海关账号后，可申请报关代理账号，用于通过贸易网（TradeNet）提交许可申请。

### 2. 检查拟进口货物是否被禁运或受管制

进口商应通过新加坡海关官网提供的清单等，检查拟进口货物是否被禁运或受管制，还可以使用货物描述、海关 HS 编码或 CA（即主管部门）产品代码进行搜索[①]。受管制货物在进入新加坡前，必须取得主管部门的相应授权（预先通知、许可证或批准证书）。

### 3. 提供担保

为保护税收，在以下情况下贸易商需要提供担保：出于被准许用途而暂准进口商品的，涉及不属于暂准进口的应税货物移动的，经营特许仓库和特许工厂等特许经营场所的，以及新加坡海关有监管要求的。[②]

为申请海关进口许可而需要提供担保的金额，视货物移动的类型及货物本身的类型而定，为应缴税款的 10%、30%、50%、100% 不等[③]。新加坡海关可能对未提及的情况要求提供担保，或者根据具体情况调整担保金额。担保应采用银行担保、金融企业担保或保险保证的形式。

### 4. 报关（向海关申请许可）

进口商注册为报关代理，并申请 TradeNet 用户账号后，就可以向海关申请许可，或代表委托人申请许可，也可以委托报关代理为自己申请许可。进口集装箱货物，在申请许可时，须提供集装箱编码及运输人封条号。所有许可申请必须通过 TradeNet 提交。

### 5. 缴纳税款

许可申请获批后，进口商须通过与海关的银行间直接转账（Inter-Bank

---

[①] 如果不能确定货物的 8 位 HS 编码，可以查找海关裁定数据库，它是根据过去的海关裁定汇编的一份货物及其相应 HS 编码的清单（仅供一般参考）。如果仍不能确定，可以申请官方的分类裁定（此分类裁定只适用于新加坡境内）。

[②] 以下情况无须提供担保：应提供的担保金额不超过 2000 新元的交易，所有未加工烟草的移动，以及未变性酒精经公路的出口。

[③] 对经营特许经营场所或其他情况，首次办理担保的，新加坡海关会通知应缴纳的金额。

GIRO，IBG）缴纳税款。进口商或其报关代理，必须与新加坡海关保持银行间直接转账关系，以便从银行账户直接向新加坡海关支付税费。如果进口商没有使用 IBG 作为支付方式，或者付款金额超过进口商或报关代理的 IBG 账户限额，那么进口商在将货物移出海关控制范围前，必须在获授权的银行缴纳应付税款。海关可能动用进口商或报关代理的担保，来收缴应付税款；对于 IBG 扣款失败的情况，海关可能会征收罚款。

**6. 准备货物清关文件**

（1）集装箱货物所需的单据：通过海运进口集装箱货物的，无须向各入境点的检查站关员出示海关许可证及证明文件。通过空运或陆运进口集装箱货物的，需要出示海关许可证及证明文件（如发票、装箱单、提单/空运单）的打印件，供检查站关员核查。

（2）散货或旅客所携带物品所需的单据：在货物清关时，应将货物、海关许可证的打印件、发票、装箱单、提单/空运单等证明文件交检查站关员核对。获批的进口申请有一个有效期，所以应确保货物清关时所出示的是有效的海关许可。对于需要部分清关的货物，需每次出示相同的海关许可证，以供签注，直至全部清关。但是通过兀兰和大士检查站进入的货物，不允许部分清关。

**7. 清关后，需保留贸易文件**

一般来说，进口商必须保留有关购买、进口、销售或出口货物的有关证明文件，自许可申请获批之日起，保存期五年。这些文件可以以纸质实体或以图像的形式保存。如果新加坡海关有要求，进口商需要出示这些证明文件。

## （二）暂准进口

出于被准许的用途，海关允许进口商暂时进口货物，一般不超过自货物进境之日起 6 个月，这期间暂免关税、消费税、货劳税。

**1. 有资格申请暂准进口计划的货物及用途（见表4）**

拟进口的货物及其用途都符合条件，方可申请暂准进口计划。

表 4　有资格申请暂准进口计划的货物及用途

| 序号 | 货物类型 | 用途 |
| --- | --- | --- |
| 1 | 所有用于修理的货物，包括备件 | 用于修理 |
| 2 | 专业设备，包括备用配件 | 境外定居的人员在新加坡完成工作需要使用 |
| 3 | 活体动物 | 用于骑术、训练、繁殖、兽医治疗或放牧 |
| 4 | 教学辅助设备和科学仪器，包括备件 | 用于维修、校验、校准或修理 |
| 5 | 机动车辆 | 供非新加坡公民和非永久居民的个人使用 |
| 6 | 所有货物（除了致醉的酒、烟草、小册子、礼品、纪念品和其他馈赠物品） | 用于展览、交易会或其他类似活动 |
| 7 | 马匹，私人或娱乐船艇、航空器及车辆 | 用于体育、比赛或其他类似活动 |
| 8 | 由拥有人驾驶的私人或娱乐船艇 | 用于休闲娱乐、体育或其他类似活动 |
| 9 | 科学技术产品 | 以展示或演示为用途，以征求订单或用于进行测试、试验或演示 |
| 10 | 设备、服装及配件（不包括小册子、礼品、纪念品和其他馈赠物品） | 举办国际讨论会、大会、庆典等类似活动 |
| 11 | 舞台效果器材、用具及活体动物（不包括小册子、礼品、纪念品和其他馈赠物品） | 在新加坡演出 |

资料来源：新加坡海关官网。

注：新加坡海关将根据具体情况，对每项请求进行评估。

**2. 申请暂准进口计划的程序**

进口商申请暂时进口许可证（不包括作实验、示范用途的科学技术用品进口），应遵守以下程序：

（1）如果进口受管制货物，须向有关主管部门寻求批准。

（2）通过 TradeNet 申请《海关进口免纳税（暂时寄存）许可证》。

（3）在 TradeNet 上提交申报时，贸易商需要一并提交下列文件：一是所附的说明信，并且在信中写清暂时进口的用途、进口持续期限、货物使用地点。二是主管部门的批准书（如适用）。三是商业发票。四是装箱单。五是提单/空运单。六是新加坡海关规定的任何其他文件。为了维修而进口机动车辆的，进口商和合同上的修理厂需要填写额外的表格，连同上述证明文件一并提交给海关。

（4）在办理进口清关手续时，应出示《海关进口免纳税（暂时寄存）许可证》及证明文件，以便检查站官员签注。

（5）暂时进口的货物，在实际出口前，应先通过 TradeNet 申请相应的《海关出口（暂时寄存）许可证》。以前的进口免纳税许可证号码，必须在"前许可证号码"一栏申报。

（6）在该货物出口清关时，应出示《海关出口（暂时寄存）许可证》及证明文件，以便检查站官员签注。

（7）科学技术用品暂时进口的许可证申请程序，与以上程序大致相同，只有两点差异。一是在通过 TradeNet 申请进口许可证前，要先向海关提交相关证明文件并经海关批准（即第 2 步与第 3 步调换）。二是提交证明文件时，要额外包括一份拟进口科学技术用品的详细技术规格，并且说明信中应有拟进行实验的详细说明（如适用）和该用品无法在本地采购的证据、说明。

### 3. 暂准进口的延期

货物最多可以暂时进口到新加坡 6 个月。如果需要额外的时限，可以通过 TradeNet 申请延期。每次延期最长可申请 3 个月。虽然延期申请没有次数限制，但进口商可能需要就有关申请作出额外解释。

通过 TradeNet 可以提交暂时进口许可证的修订申请，更改暂时进口截止日期。同时，须提交下列文件：详细解释延期原因的说明信、商业发票、装箱单、提单/空运单、海关规定的其他单证。

### 4. 暂准进口的替代计划

（1）旅客所携带非商业物品的暂时进出口

旅客如果因非商业用途，欲携带属于某机构的活动（例如音乐会、教会及学校夏令营等活动）用品进出新加坡，经新加坡海关批准，可以申请免货劳税进出口有关物品。

暂时进口或出口受管制货物的，须向有关主管部门寻求批准。在抵达或离开新加坡的最少5个工作日前，递交下列文件：详细说明了暂时进口/出口用途的信件、邀请信、活动广告或其他证明参与活动的文件、酒店预订证明、新加坡海关规定的任何其他文件。旅客可以通过电子邮件发送文件。旅客抵达或离开新加坡时，应向检查站官员出示携带的物品、经新加坡海关批准的报关单及相关证明文件，以便清关。

为商业用途而拟暂时进口到新加坡的携带物品，贸易商应根据暂准进口计划的要求，通过TradeNet申请《海关进口免纳税（暂时寄存）许可证》。

（2）ATA单证册

外国参展商等外国实体，出于在展览、交易会或其他类似活动中展示或使用的目的，可以用ATA单证册①暂时进口商品（不包括致醉的酒和烟草）到新加坡。使用ATA单证册进口的商品，不需要海关许可证。管制货物的暂时进口，应寻求相应主管部门的批准。

外国实体的代表到达新加坡时，在检查站必须向海关出示商品和ATA单证册，以供查验和签注。这些商品被允许进口到新加坡的期限为6个月，条件是这期间ATA单证册仍在有效期内。

(三) 新加坡海关对出口货物的监管程序

出口货物的程序与进口货物类似，需注册获取机构识别码，激活海关账号；检查拟出口货物是否受管制；报关（向海关申请许可）；准备货物清关文件；清关后保留贸易文件。对于无须缴纳税款的，自然也无须提供担保。暂准出口方式与暂准进口类似。

---

① ATA单证册（ATA Carnet）是世界海关组织为暂准进口货物专门创设的国际通用通关文件。在接受ATA单证册的国家，暂准进口货物可以凭它享受免税进口和免予填写国内报关文件等通关便利。

## 四、智能化集成服务和高标准服务

### (一) 从"单一窗口"走向智能化集成服务

1989 年正式运行的新加坡贸易网（TradeNet），是世界首个全国性贸易通关系统，这个"单一窗口"集成了进口、出口和转运单据处理程序，降低了准备、提交和处理贸易文件的成本和时间。系统实施后，35 个监管机构、7000 多个业务规则得到整合，超过90%的申报处理时间小于 10 分钟，显著增强了新加坡贸易综合实力。

2007 年新加坡建立了商贸讯通（TradeXchange），这是一个全新的全国性贸易及物流 IT 平台，既可方便商业、企业及政府部门之间的资讯交流，又可接入贸易网、各港口系统、货运社区网络、裕廊海港互联网及官方港务网，还与国外网络相连，成为真正的多系统的单一接口。

2018 年，新加坡又正式推出了互联贸易平台（Networked Trade Platform，简称 NTP），旨在提供超出现有系统服务范围的服务。该网络交易平台将结合供应链全流程提供智能、集成化的增值服务，包括洞察市场、寻找买家、制作单据、贸易融资、运输安排、海关申报、货物跟踪、报告和结算 8 个模块。NTP 的推广使用为新加坡成为全球领先的贸易、供应链和金融港打下了基础，同时该平台预期每年为企业节省近 6 亿新元的人力成本，进一步提升生产力。

### (二) 新加坡海关的高标准服务承诺

新加坡海关对贸易商和旅客有着高标准的服务承诺（见表 5），助力企业高效运营、便利旅客出入境，这对于新加坡良好营商环境的创建有着重要的作用。新加坡海关的目标是在 3 个工作日内回复收到的绝大多数的电子邮件和信件。

表 5　新加坡海关的服务承诺

| 服务对象 | 服务项目 | 服务承诺 |
| --- | --- | --- |
| 贸易商 | 处理（以及修改）TradeNet 上的申报 | 99%在 10 分钟内 |
| | 处理特许仓库和零货劳税仓库（类型 I）的许可证申请 | 7 个工作日内 |
| | 发放关税/货劳税的退税 | 5 个工作日内（如果不要求证明文件）；12 个工作日内（自收到所有证明文件时算起） |
| | 处理线上的原产地证书申请 | 新加坡原产货物原产地证书的申请，2 个小时以内（自收到所有证明文件时算起）；背对背原产地证书的申请，2 个工作日以内（自收到所有证明文件时算起） |
| | 发放进口证明及交货检验书 | 申请后 2 个小时内 |
| | 给出海关裁定 | 自收到提供的所有相关文件时起，30 天内 |
| 旅客 | 在游客的货劳税退税申请表上签章 | 95%在 10 分钟以内 |
| | 处理旅客/机组人员/船员的关税和消费税/货劳税的核定和征收 | 95%在 8 分钟以内 |
| | 在随身携带物品出口计划下的出口许可证上签章 | 95%在 15 分钟以内 |

资料来源：新加坡海关官网。

**五、新加坡海关维护贸易安全**

**（一）整体政府和分层执法的方法**

新加坡海关采取了整体政府和分层执法的方法，维护供应链安全，遏制非法贸易，如逃税、侵犯知识产权、走私野生动植物、洗钱和恐怖主义融资、违反联合国安理会制裁等违法行为。

整体政府旨在有效增加公共政策的效能，充分利用资源，形成一种协同的工作方式，提供一套无缝隙的服务而不是碎片化的服务。新加坡海关将自己作为一个有机的整体，并与当地执法机构和相关国际机构紧密合作，共同打击非法贸易。

分层执法，具体包括六层（见图4）。

**图4　分层执法方法**

资料来源：新加坡海关官网。

第一层，健全的货物进出口及转运许可证制度。贸易主体在订立任何进口、出口或转运受管制货物的合约前，必须就此向主管当局申请批准。主管当局可就每批货物抽取样本进行测试和分析，并说明抽样、测试或分析的具体程序，因此产生的任何开支由申请人承担。任何涉及受管制进口、出口或转运的，贸易主体须取得主管当局的批准，才能申请到第二层的海关许可。

第二层，每批装运货物的许可要求。除另有规定外，如果没有获得海关授予的许可，任何货物均不得进口、出口或转运到新加坡，否则即属违法犯罪行为。获得海关许可的贸易主体，必须遵守海关对这一许可所施加的每一个条件，否则即属违法犯罪行为；如果属于受管制进口、出口或转运，还将受主管当局所施加条件的限制。

第三、第四层，通过情报来加强风险评估程序，以筛选出可疑货物。新加坡海关设有合规部，负责评估和验证申请海关便利项目的企业，评估管理海关对外业务流程的风险（包括锁定要检查的货物和企业）。新加坡海关还设有情报与调查部，专门提供情报支持，通过运营管理功能来支持执法人员，通过监测和调查来打击逃税和团伙走私，识别和调查商业欺诈案件等。通过以上部门的协作，用情报来加强风险评估程序，筛选出可疑货物。

第五层，检查有风险的装运货物，并在清关后审计。被筛选出的可疑货物要接受检查。新加坡海关设有检查站部，该部设有空运检查站处、海运检查站处、陆地检查站和运营处，在各检查站加强新加坡供应链的安全性和恢复力。

第六层，通过国际合作，跟踪和分享货物的后续动向。新加坡海关与国际海关合作，防止和打击非法贸易，共享信息（例如将信息传递到下一个停靠港），并回应对方的信息请求。这种相互援助通过双边以及通过区域和国际论坛（如世界海关组织下属的区域情报联络处）进行。

### （二）维护自由贸易园区内的贸易安全

新加坡为保障自由贸易园区的安全，建立了有力的园区管理制度。自由贸易园区内所允许的活动受到了严格的管控和限制；所有交易和活动都必须遵守新加坡的法律法规。政府当局有权对自由贸易园区实施管控，并采取执法行动，比如常规检查、对非法贸易活动采取行动。自由贸易园区内的经营者并不享受额外豁免或特别待遇。

新加坡海关与新加坡警察部队、移民与关卡局等执法机构建立了伙伴关系，以保障自由贸易园区的安全，并与其他执法机构合作建立了合作程序，以便对有用的非法贸易情报迅速采取行动。新加坡海关还积极加强国际合作。

## 六、通过 TradeFIRST 统一管理各种便利项目

新加坡海关管理着一系列计划和许可证（持证便利项目），以在维持供应链安全的同时满足贸易商的需求。为转变贸易便利化方式，推动监管向与企业构建伙伴型关系的方向发展，新加坡海关于 2011 年启动了名为 TradeFIRST 的新的贸易便利化及社会参与架构。TradeFIRST 提供了一个单一的贸易便利化窗口，基于对企业风险的评估，统一决定授予该企业哪些便利项目。该评估是免费的，并且对所有希望申请海关便利项目的企业都是强制性的。

### （一）根据企业风险大小决定其便利程度

海关采用风险管理的方法，把便利程度分为基本、标准、中间、加强及高级五个等级，每个等级对应一系列不同的便利项目。企业的 TradeFIRST 等级越高，得到的便利就越大。例如，获得高级等级的企业，可以享受授予高

级等级及其下等级的各项便利和计划。

在 TradeFIRST 评估框架下有 6 个部分：企业概况、程序和流程、安全、库存管理、各计划的其他特定要求、合规。

根据所授予的等级，企业应接受重新审查和续期，高级和加强等级 3 年一次，中间和标准等级 2 年一次。在特殊情况下，也可以在较短的时间间隔进行重新审查。

### (二) 典型便利项目

特许仓库（Licensed Warehouse）计划、零货劳税仓库（Zero-GST Warehouse）计划、安全贸易伙伴（Secure Trade Partnership，STP）计划，都是在 TradeFIRST 下的便利项目[①]。

特许仓库计划，允许批准的企业在获得新加坡海关许可证的指定区域，无限期地存放进口的应税商品，暂免关税、消费税和货劳税。当这些货物从特许仓库移出，供本地使用或消费时，须缴纳关税、消费税和货劳税。当这些货物被移出作出口，或当这些货物在仓库中被供应或销售时，无须缴纳关税、消费税或货劳税。

零货劳税仓库计划，允许批准的企业在获得新加坡海关许可证的指定区域，无限期地存放进口的免税商品（对关税和消费税而言），暂免征收货劳税。当这些货物从零货劳税仓库移出，供本地使用或消费时，则须缴纳货劳税。当这些货物被移出作出口，或当这些货物在仓库中被供应或销售时，则无须缴纳货劳税。

安全贸易伙伴是一个自愿的认证计划，被认证的企业会在海关方面获得很多益处，它符合世界海关组织的安全标准框架。该计划鼓励企业在交易操作中，采用基于风险的方法，采取强有力的安全措施，以提高全球供应链的安全性。拥有更高安全措施的企业，将有资格成为升级版安全贸易伙伴（STP-Plus）。

（执笔人：万中心　田仲他　桂前）

---

① 标准等级及以上的企业，可享受特许仓库计划Ⅰ、零货劳税仓库计划Ⅰ；中间等级及以上的企业，可享受特许仓库计划Ⅱ、零货劳税仓库计划Ⅱ、安全贸易伙伴计划；加强等级及以上的企业，可享受特许仓库计划Ⅲ、零货劳税仓库计划Ⅲ；高级等级的企业，可享受安全贸易伙伴计划升级版。

# 分报告五
## 中国香港自由港海关监管制度

香港海关是香港特别行政区政府13个决策局中保安局下属的纪律部门之一。香港海关根据自由港的定位，强化核心职责，肩负着打私缉毒、知识产权和消费者权益保护、征税、边境执法等使命（参见附录1：香港海关主要职责及执法依据）。

香港海关下设有五个工作部门，分别为行政及人力资源发展、边境及港口、税务及策略支持、情报及调查、贸易管制。行政及人力资源发展部门负责内务行政、财务管理、人力资源管理和行政支援服务。边境及港口部门负责所有关于出入境管制站管制和便利清关职能的事宜。税务及策略支持部门负责有关保障税收及税务管制、应课税品、向首长级人员提供智囊服务和行政支援服务、项目筹划和发展、资讯科技发展、国际海关联络及合作、协调代理服务的工作。情报及调查部门负责关于毒品、知识产权、制定政策和策略，以推广在海关行动中进一步使用情报和风险管理的事宜，指示有关保护知识产权事宜的执法和调查工作，并负责调查和遏止非法贩运危险药物、毒品或受管制化学品。贸易管制部门负责商务及经济发展局辖内有关贸易管制的事宜，执行贸易管理及保障消费者有关的工作。

香港海关重服务轻管制，重监管轻审批，强调权力行使的针对性和有效性。

### 一、货物监管

香港海关主要通过审阅文件（如舱单），对所有经由航空、陆路或海路进出香港的货物进行监管。如有需要，海关可对货物进行查验，抽选货物时，海关采用风险管理措施，确保将对各出入境管制站的干扰减至最小。

#### （一）通关流程

为加快清关，香港海关通过多个电子货物清关系统，方便海运、陆运及空运货物的进出口商预先递交货物资料。清关文件包括：舱单；进口证/出口证或移走许可证（如需要）；扣留通知书副本（如适用）；其他证明文件，如提单（即海运提单）、空运提单、发票、装箱单等。香港海关可对货物进行查验，抽选货物时，海关采用风险管理措施，确保将对各出入境管制站的干扰减至最小。对于海运货物，香港海关会向货柜货物的船运代理等发出扣留通知书，要求他们提交货物舱单供海关查核，除传统的纸张处理方法外，海关鼓励承运人在货物抵港前通过电子货物舱单系统递交电子舱单。① 对于经陆路以货车进出口的货物，香港海关使用道路货物资料系统，让相关经营者以电子方式预先向海关递交货物资料。当跨境货车司机到达设于陆路边境管制站的全自动清关设施后，系统会显示是否需要接受查验。对于空运货物，海关则使用空运货物清关系统。

依据《香港法例》第60E章《进出口（登记）规例》及第318章《工业训练（制衣业）条例》，除16类豁免物品外（参见附录2：中国香港进出口报关豁免物品），必须在进口或出口后14日内向海关递交一份准确且完整的进/出口报关单②，报关流程见图1。

---

① 海关亦可向由内河船运载的海运货柜货物的收货人、船运代理、货柜码头营办商及货仓经营商发出扣留通知书，要求他们将货物移往收货人、船主或船运代理指定的处所供查验。至于非货柜运载的海运货物，海关会调派人员到船上或上/落货地点，例如公共货物装卸区或浮标进行突击搜查行动。船长或船只代理人必须应海关的要求，就进口或出口货物递交舱单。

② 进出口报关单共分六类：
种类一：非食品类的进口报关。
种类一A：香港进出口货物分类表（协调制度）内附录一所列的食品类的报关。
种类二：出口/转口物品（香港制造的成衣及鞋履除外）的出口/转口报关。
种类二A：《工业训练（制衣业）条例》（第318章）附表所列的香港制造成衣及鞋履类的出口报关。
种类一B：进口报关。属豁免报关费的物品：（1）纯度达995.0或以上的黄金条，于现行香港进出口货物分类表（协调制度）中货物分类编号为7108 1210及7108 2010；（2）用于修理或维修本地航空公司拥有或租用的飞机部件或配件（进口报关单必须由有关的本地航空公司递交）；（3）用于修理和维修本地经营海运或空运服务的运输企业使用的货运货柜箱的物品（进口报关单必须由有关的本地经营海运或空运服务的运输企业递交）。
种类二B：出口/转口报关。属豁免报关费的物品：（1）纯度达995.0或以上的黄金条，于现行香港进出口货物分类表（协调制度）中货物分类编号为7108 1210及7108 2010；（2）用于修理或维修本地航空公司拥有或租用的飞机部件或配件（出口报关单必须由有关的本地航空公司递交）。

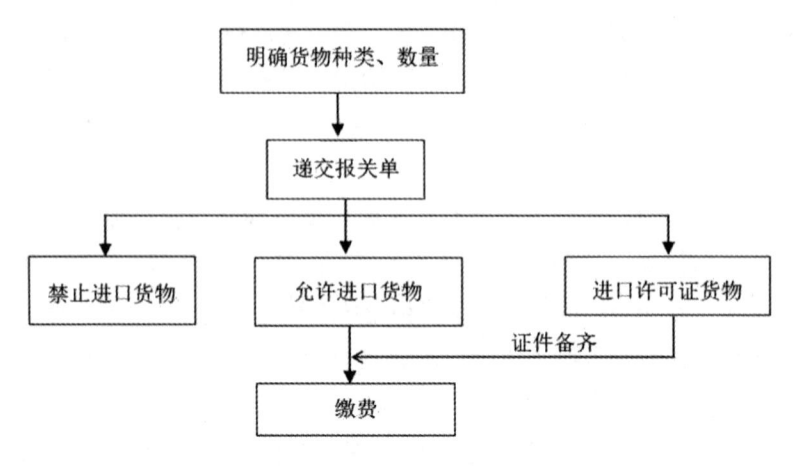

```
                ┌─────────────────┐
                │ 明确货物种类、数量 │
                └────────┬────────┘
                         │
                ┌────────▼────────┐
                │    递交报关单    │
                └────────┬────────┘
         ┌───────────────┼───────────────┐
         ▼               ▼               ▼
  ┌───────────┐   ┌───────────┐   ┌─────────────┐
  │ 禁止进口货物 │   │ 允许进口货物 │   │ 进口许可证货物 │
  └───────────┘   └─────┬─────┘   └──────┬──────┘
                        │    证件备齐    │
                        ▼◄──────────────┘
                  ┌──────────┐
                  │   缴费   │
                  └──────────┘
```

**图 1　货物报关流程**

资料来源：根据香港海关官网资料整理而成。

提交进/出口报关单可以选择两种方式：一是直接电子报关服务，报关单须以电子方式，通过政府委聘的服务供应商提供的接口递交；二是经指定代理人将纸质转电子报关服务，服务供应商亦可通过分布本港各区的服务代理网络，提供不同的服务把纸质报关单资料转为电子信息。未能在货物进口或出口后 14 日内报关的，需要缴付逾期报关罚款并有可能被检控。

（二）应税品

香港仅对饮用酒类、烟草、碳氢油和甲醇四类商品征税，其中酒精浓度多于 30％的酒类（如白兰地、威士忌、毡酒、冧酒①、伏特加等烈酒，以及某些内地酒类）是唯一按从价税（即税款是按征税产品的价值的某个百分率计算）征税的应课税品。烟草、碳氢油和甲醇的税款则按每单位数量的特定税率征收。

任何人如欲进口、出口、搬运、储存或制造应课税品，必须领有相关牌照及许可证。

牌照申请人须通过"应课税品系统"提交应课税品牌照申请，包括新牌照申请、续牌、更改牌照数据或取消现有牌照，牌照申请人须年满 18 周岁或以上，并须领由公共认可核证机关发出的"数码证书（机构）"。此外，申

---

① 即兰姆酒或朗姆酒，港澳地区称冧酒。

请人应于提交申请时一并递交相关的证明文件,例如商业登记证、租约、公司注册证书等,视申请的牌照种类而定。香港海关在确认收妥牌照费用和保证金(如适用)后会通过"应课税品系统"发出电子牌照证书。

移走任何应课税品均须向海关申领许可证。申请人提交许可证申请时,必须持有有效的进出口牌照。许可证共四类:一是应课税品搬运许可证。应课税品由进口运输工具移往保税仓,须申请首批搬运许可证。应课税品由一个保税仓移往另一个保税仓,应申请非首批搬运许可证。二是已完税货品移走许可证。在下列情况下,须申请首批已完税货品移走许可证:在悉数缴付税款后,货品从进口运输工具移走供本地使用;货品获豁免课税后,从进口运输工具移走供本地使用;货品属《应课税品条例》但无须课税的货品,从进口运输工具移走供本地使用,或移往出口运输工具以便再转口。下列情况下,应申请非首批已完税货品移走许可证:在悉数缴付税款后,货品从保税仓移走供本地使用;货品获豁免课税后,从保税仓移走供本地使用;货品经海关批准,由保税仓移往指定的地方予以销毁。三是出口许可证。应课税品由进口运输工具移往出口运输工具以便出口,须申请首批出口许可证。应课税品由保税仓移往出口运输工具以便出口,应申请非首批出口许可证。四是船舶补给品许可证。用作船舶补给品的应课税品由进口运输工具移往出口运输工具,须申请首批船舶补给品许可证。用作船舶补给品的应课税品由保税仓移往出口运输工具,应申请非首批船舶补给品许可证。

(三) 暂准进口

香港特别行政区政府加入了《伊斯坦布尔公约》,接受根据该公约签发的暂准进口证,暂准有关货物①(经邮寄的货物除外)进入香港。香港总商会为香港暂准进口证的授权签证机构。

当暂准进口证涵盖的货物在出入境处进行清关时,海关人员会核对相关的货物资料,并在暂准进口证的凭单上签注。进出口商无须为该等货物向海关关长递交进口或出口报关单。

除非法例上作出豁免规定,否则领有暂准进口证的货品仍须受订明的牌

---

① 在展览会、博览会、会议或类似活动上陈列或使用的货物,专业设备,用于体育活动的旅客个人物品及货物,以及游客的宣传资料。

照及许可证管制。进口商或出口商仍须于货物进口或出口前向有关当局申领相关文件,例如进口或出口许可证、进口配额等。

(四) 现金类物品

根据《香港法例》第 629 章《实体货币及不记名可转让票据跨境流动条例》,在某一跨境运输工具上进口或出口大量(即总值高于 12 万港元)属同一批次①货物的货币及不记名可转让票据(现金类物品②),须通过海关的网上"现金类物品申报系统",预先向海关作出申报③。所有违反规定的个案会循刑事法律程序处理,最高刑罚为罚款 50 万港元及监禁 2 年。

(五) 禁运物品

禁运物品是指应预先向有关政府部门④申请牌照、许可证或证明书,才可

---

① 个别人(承运人除外)在某一跨境运输工具上进口或出口的现金类物品;同一承运人为同一客户在某一跨境运输工具上进口或出口的现金类物品,而这名客户直接聘用该承运人;或同一承运人为同一客户在某一跨境运输工具上进口或出口的现金类物品,而这名客户聘用同一代运人安排送有关现金类物品到承运人。

② 现金类物品是指:在香港境内或境外地方,属法定货币的纸币或硬币;或符合以下说明的可转让票据(包括旅行支票、不记名支票、承付票、不记名债券、汇票及邮政票):属持有人形式的可转让票据;获无限制背书的可转让票据;签发给虚构受款人的可转让票据;按其所属的形式,其所有权是随交付而转让的可转让票据;或已经签署,但未注明受款人姓名或名称的可转让票据。

③ 上述申报规定不适用于某些特定类别的现金类物品,例如,搭乘跨境运输工具抵港(或即将搭乘跨境运输工具离港)的人管有的现金类物品。

④ 渔农自然护理署(动植物、耗蚀臭氧层物质、除害剂)、卫生署(危险药物、除害剂、放射性物质及辐照仪器、中药材及中成药)、海关 [应税品,进口光碟母带及光碟复制品的制作设备,车辆、车辆部件、超过 111.9 千瓦特(150 马力)的舷外引擎]、工业贸易署(爆炸品、耗蚀臭氧层物质、除害剂、食米、冷藏或冷冻肉类及家禽,战略物品,未经加工的钻石)、土木工程拓展署(一般爆炸品、沙粒)、警务处(军火及弹药、武器)、食物环境卫生署(食物,冷藏肉类、冷冻肉类、冷藏家禽、冷冻家禽、野味、肉类、家禽及蛋类,无烟烟草产品)、卫生处(传染性物品)、电讯管理局(无线电发送器具)、环境保护署(废物、有毒化学品)。

进出口（在某些情况下转口）的物品①，而有关物品须受当中条文限制。

根据工业贸易署的规定，凭转运货物豁免签证方案在该署注册的船务公司、运输公司、航空公司及其委任的代理，在转运有关类别货物②时可免受出口及进口发牌规定所管制。

一般而言，除若干战略物品如核子物料及设施、化学或生物武器等，如果禁运货品途经香港而不移离进口运载的运输工具，则可获豁免领取进口或出口许可证。过境的危险药物则须具备有效的出口授权书或转运证明书。濒危物种方面，则须持有由出口国家（地区）有关机构所发的有效文件。

（六）贸易管制

**1. 战略物品管制**

香港海关是战略贸易管制的唯一执法机关，主要负责：实地检查进出口的货物；核实进出口许可证中所申报资料的正确性；搜集并整理资料及情报；调查及检控违反战略贸易管制的非法行为。通过执行全面及严格的战略物品进出口管制，防止香港被利用为大规模毁灭武器的扩散渠道，同时确保作为合法工商业及科研用途的先进科技能自由无阻地进出香港。

任何人如果违反进口或出口许可证的规定而进口或出口任何战略物品，

---

① 进口管制物品：动植物、受管制化学品、危险药物、应课税品、爆炸品、军火及弹药、食物、传染性物品、汽车、光碟母带及光碟复制品的制作设备、耗蚀臭氧层物质、中药材及中成药、除害剂、药剂产品及药物、订明物品、放射性物质及辐照仪器、无线电发送器具、食米、冷藏或冷冻肉类及家禽、野味、肉类、家禽及蛋类、沙粒、无烟烟草产品、战略物品、未经加工的钻石、废物、有毒化学品、武器。出口管制物品：动植物、受管制化学品、危险药物、应课税品、爆炸品、军火及弹药、光碟母带及光碟复制品的制作设备、耗蚀臭氧层物质、除害剂、药剂产品及药物、中药材及中成药、订明物品、无线电发送器具、食米、沙粒、战略物品、未经加工的钻石、废物、有毒化学品、武器、配方粉。

② 《香港法例》第138章《药剂业及毒药条例》第2条所界定的药剂产品及药物，但《香港法例》第134章《危险药物条例》第2条所界定的危险药物除外；《香港法例》第296A章《储备商品（进出口及储备存货管制）规例》附表所订明的食米；《香港法例》第60A章《进出口（一般）规例》附表1第I部所订明的冷藏或冷冻肉类和家禽；《香港法例》第60A章《进出口（一般）规例》附表1第I部及附表2第I部所订明的中药材及中成药；《香港法例》第60A章《进出口（一般）规例》附表1第I部及附表2第I部所订明的未经加工的钻石；《香港法例》第60A章《进出口（一般）规例》附表2第I部所订明的配方粉。

需接受相应的处罚：经简易程序定罪，最高可处罚款 500000 港元及监禁两年；经公诉程序定罪，最高可处无限额的罚款及监禁七年；所有被搜获的违法战略物品都会被强制充公。

### 2. 金钱服务经营者的监理

按照《打击洗钱及恐怖分子资金筹集（金融机构）条例》，任何欲经营汇款及/或货币兑换服务（即打击洗钱条例所界定的金钱服务）的人士必须向海关（关长）申领牌照。在没有关长发出牌照的情况下经营金钱服务，即属犯罪，一经定罪，可罚款 100000 港元及监禁 6 个月。根据打击洗钱条例，关长负责监管金钱服务经营者（即汇款代理人和货币兑换商），监督持牌金钱服务经营者在客户尽职审查及备存记录上的责任和其他发牌规定的合规情况，以及打击无牌经营金钱服务的活动。按照打击洗钱条例的规定，关长可以授权本署人员处理金钱服务经营者牌照的申请，并对金钱服务经营者进行合规视察和调查。

### 3. 金伯利进程未经加工的钻石发证计划

金伯利进程未经加工的钻石发证计划（发证计划）由金伯利进程订立。进程属国际协商会议，旨在遏止由"冲突钻石"贸易助长的武装冲突、叛乱活动及武器非法扩散。我国已参与该发证计划，内地与香港特别行政区的管制制度完全分开运作。香港海关及工业贸易署是我国指定的负责在香港特别行政区实施该发证计划的机关，以保障香港作为地区钻石贸易枢纽的利益。香港特别行政区的发证计划包括未经加工的钻石商的登记制度及未经加工的钻石进、出口证签发制度，计划是由工业贸易署管理，而海关则负责执法工作。

## 二、旅客通关

任何入境香港的旅客，均须就其携有的禁运/受管制物品、超过免税优惠数量的应课税品（酒类、烟草、香烟及雪茄）、大量货币（即总价值高于 12 万港元或等值外币）及不记名可转让票据（现金类物品），向海关人员申报。所有旅客均可能被海关人员抽查行李及或搜身。

### （一）红绿通道

为提供更快捷的旅客清关服务，海关已在各入境管制站实施红绿通道。

红通道（申报通道），旅客在抵港时如携有以下物品，应使用此通道，向海关人员作出申报：任何禁运/受管制物品；不享有免税优惠或超过豁免数量的应课税品；大量货币（即总价值高于12万港元或等值外币）及不记名可转让票据（现金类物品）。

绿通道（无申报通道），旅客在下列情况下，应使用此通道：没有携带任何应课税品或禁运/受管制物品；携有符合豁免数量的应课税品；携有总价值12万港元或以下（或等值外币）的现金类物品。使用绿通道时，旅客如果被发现携有应课税品而没有作出申报或作出不完整的申报，可能遭到检控/罚款。如果被发现携有任何禁运/受管制物品而未能出示有效的牌照/许可证，可能遭到检控，而有关物品亦会被充公。如被发现管有大量现金类物品，如未申报，可能遭到检控，有关物品亦可能被充公。

**（二）免税优惠**

旅客携带非作贸易或商业用途烟酒入境可以享受免税。饮用酒类上，凡年满18岁的旅客，可以免税携带供本人自用的1升（在20℃的温度下量度所得酒精浓度高于30%）饮用酒类进入香港。持香港身份证的旅客，则必须离港24小时以上才可享有以上豁免数量。烟草上，凡年满18岁的旅客，可以免税携带自用的烟草产品进入香港：19支香烟；或1支雪茄，如多于1支雪茄，则总重量不超过25克；或25克其他制成烟草。

**（三）禁运/受管制物品**

香港特别行政区政府对所有禁运/受管制物品的进出口均有严格管理。旅客如没有有效牌照、许可证、卫生证明书或书面准许而把上述物品带进/带离香港，可能遭到检控，并没收有关物品。

**（四）现金类物品**

根据《香港法例》第629章《实体货币及不记名可转让票据跨境流动条例》（简称《条例》），经《条例》附表1所列的指明管制站抵达香港的人士，如携有大量（即总值高于12万港元）的货币及不记名可转让票据（现金类物品），须使用红绿通道系统下的红通道向海关人员作出书面申报。

从指明管制站以外的地方抵达香港的人士（例如搭乘客轮经船只停泊处

抵达香港的乘客）或即将离开香港的人士，须在海关人员的要求下，披露是否携有大量现金类物品；如有，须作出书面申报。如果成年人知道其陪同的幼年人（即未满16岁的人士）携有大量现金类物品，该成年人须为该幼年人申报或披露。

### 三、便捷通关计划

为便利贸易商，香港海关推出了一系列便捷通关举措，给予符合条件的贸易商减少海关查验或优先接受查验等便利化措施。

一是认可经济营运商计划。该计划属公开及自愿参与性质的认证制度。根据该计划，本地公司如果符合既定的安全标准，不论规模，均可成为认可经济营运商，并享有相关便利通关安排。所有涉及国际供应链的相关各方，如制造商、进口商、出口商、货运代理商、货仓营运商、承运商等，均可参加这一伙伴计划。该计划不会收取任何认证费用。

根据该计划，成为认可经济营运商的公司将被认可为香港海关可信赖的伙伴，共同保障全球供应链。而该公司亦可享有相关优惠待遇，包括减少海关查验或优先接受查验。在全面推行认可经济营运商计划后，香港海关还不断加强与其他海关当局的联系，以便利企业在有关国家和地区通关。这些措施均显示出香港致力于保障全球供应链，并协助加强香港作为主要国际贸易中心及地区物流枢纽的竞争优势。

二是海易通计划。该计划旨在简化现在的海关清关程序，为海运货运代理提供一个电子渠道，以 Excel/CSV 档案预先向海关提交副提单数据（海运模式的入境/转运付运货品）。通过简化现在提交副提单数据的程序，为海关及承运商节省了资源、提升了效率，并使海关容易取得有关数据，以便进行风险评估，提高货物拣选的效率及素质。该计划的登记是以协议形式且属自愿性质，不收取登记费及其他费用；无须信息科技投资；不会增加检查率；给予一个月书面通知便可退出计划；提交方式简单且时间灵活。

三是多模式联运转运货物便利计划。该计划旨在通过简化清关程序，为空陆及海陆联运转运货物提供清关便利。利用电子预报货物数据，并通过应用电子锁及全球定位系统技术，香港海关对境内的转运货物进行监察。不受任何许可证或牌照监管的一般货物，获发许可证的应课税品，获发许可证的受管制化学品，转运货物豁免许可证方案所涵盖的货物，均可通过该计划转口付运。该计划下的转运货物，如被拣选查验，一般只会在入境或出境其中一个管制站接受海关检查，减少以往重复检查的时间，加快转运货物的流程。以北行空陆联运转运货物为例，货物在机场完成进口清关后，会由配备了电子锁及全球定位系统设备的货车运往离境陆路边境管制站。为防止货物在运送期间受到干扰，香港海关会通过实时监察系统监察电子锁的状态及货车行驶路线。

四是跨境一锁计划。为进一步加强清关便利措施，香港海关与内地海关于2016年3月28日正式推出该计划。通过将香港海关的"多模式联运转运货物便利计划"与内地海关的"跨境快速通关"对接，打造粤港物流绿色通道，为业界提供无缝清关服务。应用同一把电子锁及全球定位系统设备，以"跨境一锁，分段监管"为原则，减少同一批货物在两地入境及出境时被海关重复检查概率，简化清关手续，加快货物转关流程。参与的付运人或承运商须同时在香港海关的"多模式联运转运货物便利计划"与内地海关的"跨境快速通关"项目下登记，并在载货车辆上安装两地认可的电子锁及全球定位系统设备。

**四、知识产权保护**

香港海关依据《香港法例》第60章《进出口条例》、第528章《版权条例》、第544章《防止盗用版权条例》和第362章《商品说明条例》，在侵犯版权、防止盗用版权、伪冒商标方面开展执法，是香港特别行政区唯一负责对版权及商标侵权活动进行刑事调查及检控的部门。

**（一）全关境执法**

香港海关不仅在口岸上执法，还在全境内有效地打击归其管辖的侵犯知识产权行为，采取双管齐下的策略，分别从供应及零售层面打击盗版及冒牌货活动。在供应层面上，海关致力从进出口、制造、批发及分销层面打击盗版及冒牌货活动。在零售层面上，海关一直不懈努力，在各零售黑点持续采取执法行动，以杜绝街头的盗版及冒牌货活动。2019年，香港海关知识产权执法成果显著，侦破的侵权案件总数达888起，其中203宗涉及网上罪行，检获侵权物品总值1.17亿港元，比2018年增加13%。[①]

在打击侵犯版权行为上，香港海关从生产、储存、零售及进出口层面扫荡盗版光碟，并致力打击机构使用盗版软件和其他版权作品作商业用途。香港海关还成立了四支反互联网盗版队，利用先进的软件进行监察，打击网上侵权活动。

### (二) 强化协同治理

香港海关积极引导建立一个有知识产权所有者、企业、协会、律所、公民等各主体共同参与的协同治理体系。香港海关为各主体在如何协助保障知识产权上提供指导，并连同知识产权业界成立了保护知识产权大联盟（大联盟），作为一个相互沟通、促进合作的平台。

大联盟推行了三个合作计划，鼓励知识产权业界的不同成员们建立起更紧密的合作关系。"青少年打击网上盗版大使计划"旨在引导青少年直接参与打击网上盗版活动，共同遏止利用软件在互联网上分享侵权电影、电视剧、音乐和漫画等。"拍卖以诚，除伪守正"计划旨在维护网上拍卖的诚信，该计划下的拍卖网站营运商会加强对拍卖品的监管，产权拥有人一旦发现被侵权，可立即通知海关及该拍卖网站。"快速行动计划"旨在针对性打击大型展览会上展出的侵权物品，其通报机制有别于海关一般的备案程序，当品牌或版权持有人正式进行举报时，海关可以加快处理。

知识产权业界还在大联盟设立了五项举报奖赏计划，鼓励个人、法人协助政府保护知识产权，并由海关负责管理，接受通过24小时热线、传真、邮寄及电子邮箱等各种方式的举报。任何人如向海关提供资料，成功制止侵犯知识产权罪行，并且检获若干数量的盗版或伪冒货物，便可获得奖金。

### (三) 构建人才与系统支持

香港海关大约有400名人员专门负责打击知识产权侵权。香港海关有专门的版权及商标调查科，由负责情报及调查的助理关长管理。该助理关长下还设有情报科，约有200名人员，承担情报支持职能。2010年之后，香港海关面对网络侵权的肆意横行，设立了由受过专门网络培训的人员组成的反互

---

[①] 资料来源：《香港海关年刊2019》。

联网盗版队。除此之外，还有大约 2000 名海关人员分驻在各海关检查站，预防进出口违禁物品，其中包括盗版假冒商品。

香港海关注重研发及运用先进实用的系统和设备。例如，2007 年正式启用的"网线监察系统"，可以自动扫描讨论区及拍卖网站，由香港海关与香港大学合作研发，得到了香港特区政府 25 万港元的支持。该系统能 24 小时自动监察网上 BT 侵权行为，协助执法人员进行调查及搜捕工作。系统利用电脑高速运算的特性，快速扫描网上读者讨论区，识别新 BT 种子的"播种人"，并在讨论区内侦测出首粒侵权种子出现的时刻，锁定该目标网页及上传者，方便展开进一步调查。这在中国香港海关的知识产权保护史上具有里程碑意义[1]。再例如，2014 年年初，香港海关专门成立了知识产权电子备案协调中心（ERTC），购置了一台 3D 打印机。通过视频对话，香港海关可以与权利人取得联系，使权利人知晓在香港哪些产品已被盗版。需要将正版与盗版产品进行对比时，除了通过视频进行比对外，权利人也可以发送一份 3D 可打印文件进行比对。这便是 ERTC 的作用。大数据分析系统自 2017 年推行以来，运作理想。2019 年，该系统侦破 62 起冒牌货案件，占全年网上冒牌货案件的 31%；检获物品总值为 140 万港元，占整体网上侵权案件所检获物品总值约 49%。[2]

（执笔人：万中心　田仲他　程前）

---

[1] 马永飞：《香港海关知识产权保护及对内地海关的启示》，载《对外经贸实务》，2013 年第 9 期，第 21—24 页。

[2] 资料来源：《香港海关年刊 2019》。

## 附录 1

### 香港海关主要职责及执法依据

| 序号 | 职责 | 执法依据 |
| --- | --- | --- |
| 1 | 缉毒 | 根据《香港法例》第 405 章《贩毒（追讨得益）条例》及第 455 章《有组织及严重罪行条例》，追查、充公及追讨贩毒得益。由海关及警方组成的联合财富情报组，则负责收集及处理与上述条例有关的可疑交易举报。海关还负责执行《香港法例》第 145 章《化学品管制条例》，通过发牌制度管制可用作非法制造危险药物的化学品前体 |
| 2 | 侦缉及防止走私 | 根据《香港法例》第 60 章《进出口条例》的规定，监察货物的进出口及签发禁运物品和订明物品的有关牌照，对乘客、货物、邮包和运输工具进行查验，以及在香港特别行政区内进行海陆巡逻 |
| 3 | 保障知识产权 | 根据《香港法例》第 528 章《版权条例》、第 362 章《商品说明条例》及第 544 章《防止盗用版权条例》的规定，履行知识产权保护的职责 |
| 4 | 申报/披露大量现金类物品 | 海关为《香港法例》第 629 章《实体货币及不记名可转让票据跨境流动条例》的主要执法机构。该条例针对跨境运送大量货币及不记名可转让票据进出中国香港的情况，设立申报及披露制度，以打击洗钱及恐怖分子筹集资金的活动。制度并不限制合法资金自由流动 |
| 5 | 保障税收 | 根据《香港法例》第 109 章《应课税品条例》，采取执法行动，打击私烟和私油等活动 |

资料来源：香港海关官网。

## 附录 2

### 中国香港进出口报关豁免物品[①]

1. 转运货物。

2. 运往外地的过境货物，在途经本港时停留在同一船只或航机而并无转运的货物。

---

[①] 资料来源：《香港法例》第 60E 章《进出口（登记）规例》。

3. 由香港特别行政区政府或中国人民解放军进口或出口的物品。

4. 运载船只自用或船上消耗的补给品,包括船用燃料。

5. 运载航机自用或机上消耗的补给品,包括飞行燃料。

6. 私人行李,包括经海关关长信纳为并非作贸易或商业用的进出口物品,但汽车则例外。

7. 价值4000港元以下的邮包。

8. 下述物品:

(1) 纯粹为广告物料并清楚注明,且属免费供应的;

(2) 纯粹为某产品样本并清楚注明,且令海关关长信纳为宣传有关产品而免费分发的;

(3) 价值1000港元以下的某产品样本,且令海关关长信纳为宣传有关产品的;

(4) 仅供展览用的进口物品,并令海关关长信纳该物品将于展览完毕后再出口,而不会在本港出售或以任何方式处置;

(5) 仅供展览用的出口物品,并令海关关长信纳该物品将于展览完毕后再进口;

(6) 按照上述第(5)节出口供展览后再进口的物品;

(7) 领有暂准进口证,并按照其规定进口或出口的物品;

(8) 仅供体育赛事用的进口物品,并令海关关长信纳该物品将于赛事结束后再出口,而不会在本港出售或以任何方式处置;

(9) 仅供体育赛事用的出口物品,并令海关关长信纳该物品将于赛事结束后再进口;

(10) 按照上述第(9)节出口供体育赛事用后再进口的物品。

9. 本港注册或领牌的渔船直接从捕鱼处运到本港的咸水鱼,包括可供食用的甲壳类动物、软体动物及其他同类海产食品。

10. 私人礼物而受礼人无须付款者。

11. 下述使用过的空的货运集装箱:

(1) 经常进口及出口;且

(2) 纯粹为运载物品进出口用的。

12. 由提供国际航空服务,而主要办事处设于中国香港以外地区的空运企业所进口或出口的飞机零部件,该飞机零部件必须充作以下用途:

（1）修理或维护该企业所拥有或租用的飞机，且该飞机用于服务国际或地区航线；或

（2）为同样用途与其他同类性质空运机构以不牟利方式交换其他飞机零部件。

13. 由经营国际或区域航线海运或空运服务的运输企业（其主要营业地设在香港以外的地点），为了修理或维护货运集装箱而进口的物品，并且上述集装箱是该企业通过国际或区域航线海运或空运货物时所使用的。

14. 任何国家的法定流通钞票及硬币。

15. 下述无线电和电视的制作及广播设备，以及专门改装的无线电和电视转播车及其设备：

（1）由设立在香港以外的法人或定居在香港以外的自然人所拥有并进口；且

（2）令海关关长信纳这些物品在香港使用完毕后会再出口。

16. 作为一种运输工具进出境的任何交通工具，但当作货物或货物一部分进口或出口的除外。

# 海南自由贸易港海关监管实施方案研究

下 篇

# 关于海南自由贸易港海关监管的建议方案

习近平总书记指出:"抓紧研究提出海南分步骤、分阶段建设自由贸易港政策和制度体系,加快探索建设中国特色自由贸易港进程。"海南发展经验证明,"管得住"才能"放得开"。研究拟订让党中央放心、让人民群众满意的海南自由贸易港海关监管方案,强化监管,优化服务,健全法治保障,有效防范各类风险,是加快探索建设中国特色自由贸易港的重要内容。

## 一、总体要求

### (一)指导思想

以习近平新时代中国特色社会主义思想为指导,坚持新发展理念,紧紧围绕国家战略布局,体现中国特色,符合中国国情,符合海南发展定位,学习借鉴国际自由贸易港的先进经营方式、管理方法,打造既"管得住"又"放得开"、让党中央放心、让人民群众满意的海南自由贸易港海关监管体系,努力构建对标国际最高水平的开放平台,加强法治保障,以高水平开放推动高质量发展。

### (二)基本原则

坚持开放为先。按照先行先试、风险可控、分步推进、突出特色的原则,立足贸易自由和投资自由,建立海关监管特区,突出制度创新,体现特区特色,优化营商环境,推动海南开放型经济创新发展。

坚持风险可控。落实总体国家安全观,履行国际公约要求,严格执行国家禁止及限制进出口货物、物品规定,强化检验检疫管理,坚决守住安全准入风险的底线。

坚持分步推进。围绕海南自由贸易港 2025 年、2035 年建设目标,加快中国特色自由贸易港建设进程，让海南争创新时代中国特色社会主义生动范例。

坚持协同共治。建立与企业的合作伙伴关系，引导企业守法自律。强化与其他监管部门联系配合，实施守信联合激励和失信联合惩戒。加强与地方政府协同合作，推进综合治理，营造国际一流水平的营商环境。

### （三）主要目标

按照"支持海南逐步探索、稳步推进中国特色自由贸易港建设，分步骤、分阶段建立自由贸易港政策和制度体系"的总体部署，立足贸易自由和投资自由，逐步将全岛打造成海关监管特区，实现分线管理、人货分离、通道式管理、岛内货物按状态分类监管。更好地发挥海关职能作用，全面推进综合治理、协同治理，强化进出境安全准入管理，有效防控各类风险，营造法治化、国际化、便利化的营商环境。支持海南成为我国面向太平洋和印度洋的重要对外开放门户，巩固海南与内地市场的紧密联系和辐射互动，建设"21世纪海上丝绸之路"重要战略支点，打造开放层次更高、营商环境更优、辐射作用更强的开放新高地。

## 二、基本思路

### （一）明确海关监管特区定位，试行全域监管

明确海南自由贸易港的海关监管特区定位，实行比现行海关法中"海关特殊监管区域"更加优惠的政策。参照世界海关组织《经修订的京都公约》专项附约四（第二章"自由区"），海关对海南自由贸易港试行全域监管。

### （二）落实反走私综合治理责任制，确保环岛岸线天然屏障"管得住"

根据海南四面环海特点，依托环岛岸线天然屏障，构建"大协同、多锁链、群防群治"的反走私综合治理体系。海关在对外开放口岸加强对运输工具、货物、物品的进出境监督管理，在设关地完善对进出岛通道的监管。海南省政府切实承担起海南反走私综合治理领导责任，形成军警民联防、多部门协同、群防群治的反走私工作机制，让非设关地走私无处遁形。建立环岛监控系统，加强环岛巡查，实现进出岛信息管理系统、社会管理信息化管理平台与各部门专业管理平台的互联互通、信息共享，在大数据分析和风险管

理基础上,从协调、感知、干预等方面不断优化流程,创新监管,健全法治,确保有效监管、风险可控。

**(三) 全岛封关验收后,海关按"一线放开、二线高效管住"原则实施分线管理**

海南自由贸易港与境外之间的口岸设立为"一线"管理。进出岛通道设定为"二线"管理。对从境外进入海南的货物,除实施禁限负面清单管理以及不予免税货物清单管理的外,不实行进出口配额、许可证件管理,免征进口关税。

**(四) "二线"实施进出岛通道式管理,确保双向打通**

全岛封关验收后,在设关地根据实际需求开设若干进出岛通道(区分申报通道和无申报通道),便于海南自由贸易港与内地之间的人员、货物及车辆进出,在确保有效监管、风险可控的前提下,实现通得快、通得好。同时,落实中央关于加快建设全国统一大市场的要求,对"二线"进出的人员、货物及车辆,大多数情况下可选择无申报通道(需要入岛退税和出岛征税的除外),确保海南在跟国际打通的同时,又和内地打通。

**(五) 岛内货物按状态分类监管,保证自由流转**

海关根据货物的不同状态,依托电子账册实施分类监管,既确保对不同状态货物实施有效监管,又保证岛内货物自由中转、存放、加工、交易,即各种状态货物的并存和转换。同时,强化事中事后监管,在海关现有的企业信用管理基础上,全面建立海关对企业和自然人的信用管理制度,落实好联合激励和联合惩戒制度,促进企业和自然人的守法自律。

**(六) 打造智慧海关,实施精准监管、智能监管**

发挥电子口岸优势,实施数字比对与可视监控相结合的网上监管,建立基于大数据的风险管理体系。依托海南进出岛信息管理系统、社会管理信息化平台等,根据海关监管所需的信息,部署智能监管终端,通过"人在做、天在看、云在算",确保智慧海关建设与海南自由贸易港建设进程同频共振。

在具体实施过程中,注重"早期收获"带动,在"管得住""放得开"

基础上实现2025年全岛封关运作。2025年之前，依托三大功能平台，积极支持海南自由贸易港开展压力测试。率先在洋浦保税港区实施"一线放开、二线高效管住"，促进货物贸易发展；率先在博鳌乐城国际医疗旅游先行区探索实施促进医疗服务业发展的政策制度；进一步完善岛内免税购物政策，促进国际旅游消费中心建设。通过定向施策，大力支持旅游业、现代服务业和高新技术产业发展，力求取得有显示度和影响力的实际成效，发挥"早期收获"的带动作用。同时，推进海关治理体系和治理能力现代化，促进全社会守法自律意识的提升，逐步构建"管得住"的风险防控体系，坚决守住不发生系统性、区域性风险的底线。

## 三、实施要点

### （一）关于海关监管特区试行全域监管

海关监管特区是我国在探索海南自由贸易港建设过程中创造的一个全新提法，既不同于现有的海关特殊监管区域，又与单独关税区有本质不同。海关监管特区与海关特殊监管区域都属于《经修订的京都公约》中"自由区"的范畴，但海关特殊监管区域一般地理范围不大，区内除安保等人员外无人居住，目前有保税区、出口加工区、保税物流园区、保税港区、综合保税区、跨境工业区6种类型。海南省陆地面积达3.54万平方千米，有着大量城市和农村人口，不可能建成类似综合保税区的海关特殊监管区域。所以，海关监管特区不同于现有的海关特殊监管区域。单独关税区在WTO中与主权国家具有同等地位，它们需要履行GATT 1947或WTO所规定的程序和手续，根据多边规则予以确立。而设立海关监管特区，只需要国内法确认即可，因为它是在我国海关法实施范围内的一种特殊监管制度安排。并且，海南自由贸易港作为海关监管特区，不能对外签订贸易协定，不能加入国际经济或贸易组织，对外经济事务仍由国家统一管理。

海南自由贸易港的海关监管制度创新，是在有效监管基础上的最低限度干预。考虑到国际上开放制度设计由"边境上措施"向"边境后措施"延展的发展趋势，可以参考借鉴新加坡海关、迪拜海关等的做法，在自由贸易港海关监管特区试行全域监管模式，海关执法不局限于口岸，而在贸易安全、减免税货物和保税货物管理、海关稽查、知识产权保护等诸多领域，进一步加大边境后执法力度。另外，按照新海关职能，进出口商品质量、进出口食品安全等监管职能均不局限于口岸，而延伸至全域。

## (二) 关于构建反走私综合治理体系

一是海南省要切实履行反走私综合治理主体责任，充分发挥打击走私的基础作用，把反走私工作纳入海南社会治理总体规划共同部署、协同推进，确保责任到位、人员到位、措施到位。海南成立省级反走私监管工作领导小组，负责反走私监管的协调处置工作。全省建立各级领导小组、完善各级领导机制，形成职责明确、分工合理、配合有序、联动高效的反走私领导责任体系。

二是建立人流、物流、资金流出入境信息管理系统融合联动机制，实现跨境实时感知，确保海南的环岛岸线天然屏障有效发挥作用。海南通过进出岛信息管理系统，进行全省口岸走私日常管理；通过社会管理信息化平台，进行非口岸走私管控和治理。海关将同其他部门一起，推动国际贸易"单一窗口"与海南进出岛信息管理系统、社会管理信息化平台等信息化系统的融合，达到跨境感知、实时技防的目的。建议海南省根据实际需要设立环岛监控点，安装监控探头，建立环岛监控中心和东西南北4个分中心。加强沿海水面巡查和环岛公路巡查。

三是依靠地方政府、海关、公安、海警、群众等多方力量（其中包括缉私、边防），构建有效干预机制，建立完善"大协同、多锁链、群防群治"的反走私综合治理体系。海南省各级政府负责打击非设关地走私，坚决将"三无船舶"（无船名船号、无船舶证书、无船籍港的船舶）全部纳入系统管理，防止出现监管真空。海关在设关地对进出岛货物、人员及物品进行监管，并充分运用海关稽查的力量，查发企业各类问题；缉私警察依法查缉涉税和非涉税走私犯罪案件。海警执行打击海上违法犯罪活动、海上缉私等执法任务。突出企业的主体作用，地方政府、海关、公安等协同发力，构建仓储点、海岸线、距海岸线6千米、距海岸线12·24千米等关键点面的监管干预机制。通过创建"无走私村庄"等，发动群众积极参与反走私行动，构建全民参与的反走私综合治理格局。

## (三) 关于实施分线管理

在海南自由贸易港全面实施分线管理制度，即"一线放开、二线高效管住"。在海南从事进出口业务，享受减免税、保税、退税政策以及与之相关的仓储物流、报关、检验检疫业务的企业和单位（以下简称企业），应当向海关办理注册登记手续。企业应当依法设置符合海关监管要求的账簿、报表等，并接受海关稽查。除法律、行政法规和规章另有规定外，从境外进入海南的货物和从海南运往境外的货物列入海关统计，内地进入海南的货物和从海南运往内地的货物列入海关单项统计。

"一线放开"。对进境货物，除实施禁限负面清单和不予免税清单管理的外，不实行进出口配额、许可证件管理，免征进口关税。海关按照国家安全准入管理要求，建立以舱单为基础的风险监管模式，实施有限必要的重点检查。进出境运输工具和货物仅需向国际贸易"单一窗口"办理抵港申报、传输舱单。岛内企业通过"单一窗口"向港口经营企业直接办理相关货物提离或出运手续。在确保安全的前提下，推行出入境船舶无疫通行制度。对属于卫生检疫和动植物检疫范围的入境货物、人员及其携带物品，按照风险级别实施分类管理（具体监管要求参见附录1：清单1 "一线"监管要求）。

"二线高效管住"。海关对海南自由贸易港与内地之间进出的货物、人员及其携带物品，实施指定通道进出、分类管理。从内地进入海南自由贸易港的货物，属于国家限制出口的，或从海南自由贸易港进入内地的货物，属于国家限制进口的，经"二线"申报，通关管理总体纳入全国通关一体化平台和相关海关信息化管理系统，实施风险防控和处置、单证验核、税收征管（具体监管要求参见附录2：清单2 "二线"监管要求）。

### （四）关于进出岛通道式管理

全岛封关验收后，在设关地根据实际需求开设若干进出岛通道（区分申报通道和无申报通道），便于海南自由贸易港与内地之间的人员、货物及车辆进出。规范海关监管设施和指定通道的规划及建设，实施有效监管。加强通道智能化软、硬件建设，在货物通道设置卡口，并在卡口安装电子闸门放行系统、单证识别系统和闭路电视监控系统，卡口与货物验放部门实行联网；在人员通道安装电子闸门放行系统、读卡器及闭路电视监控系统等，确保海关对海南自由贸易港进出内地的货物、运输工具、人员以及物品可追溯、可管理。对内地与海南之间进出的货物，除少部分纳入入岛退税和出岛征税，以及出岛需要检验检疫的外，按照现行国内流通货物管理。人员检疫主要在

"一线"(海南与境外之间)管住,人员进出"二线"(海南与内地之间)主要通过无申报通道自由进出。

针对享受离岛免税政策的物品,海关创新监管制度,通过加强对出入境人员、本地居民、国内游客的身份信息、免税购物信息、出入岛信息等相互比对,从源头防控"水客"走私风险。

**(五) 关于岛内货物按状态分类监管**

海关使用电子账册,对减免税、保税、退税货物分别实行相应监管,而已完税货物在岛内不受海关监管、无须进入账册。减免税、保税、退税货物在海南不同企业间流转的,双方企业应当及时向海关报送相关电子数据信息。岛内企业之间转让、转移的货物,以及海南与其他海关特殊监管区域、保税监管场所之间往来的货物,不列入海关统计。

海南减免税、保税、退税货物因检测维修等情形需临时进出海南的,须办理相关海关手续,不得在内地用于加工生产和使用,并且应当在规定时间内运回海南。有以下情形的,海南企业应当及时书面报告海关:海关监管货物遭遇不可抗力等灾害的;海关监管货物遭遇非不可抗力因素造成损坏、损毁、灭失的;海关监管货物被行政执法部门或者司法机关采取查封、扣押等强制措施的;企业分立、合并、破产的。未办理相关海关手续的,不得携带或运输减免税、保税、退税货物进出海南。

海南减免税货物的后续监管,按照《中华人民共和国海关进出口货物减免税管理办法》及其他相关规定中的现行模式实施。

海关对海南加工贸易货物不实行单耗标准管理。办理相关海关手续后,海南企业与内地企业之间可以开展加工贸易深加工结转和外发加工业务。对海南与其他海关特殊监管区域、保税监管场所以及加工贸易企业之间往来的保税货物,海关继续实行保税监管。海南企业在进口保税料件加工生产过程中产生的边角料、副产品,海关按照加工贸易边角料、副产品的有关规定监管。

海南企业生产、加工并销往内地的保税货物,海关依企业意愿按料件或按实际报验状态征收进口关税,按照货物实际报验状态照章征收进口环节增值税、消费税。企业没有提出选择性征收关税申请的,海关按照货物实际报验状态照章征收进口关税。在海南销售保税货物,存在以下情形的,应当办理相关海关手续,并按照上述规定缴纳进口关税和进口环节增值税、消费税:一是销售给个人;二是销售给海南企业,不再用于生产的;三是其他需要征税的情形。

**(六)关于精准监管**

借鉴风险管理的国际通行做法,借助科技手段,实现精准布控,最大限度地减少对市场主体经济行为的干扰,让守法者感觉不到海关的存在,令违法行为无处遁形、寸步难行。

一是强化信息收集与共享。通过系统对接、终端互联、平台搭建等方式,海关集成内部各作业系统、监控系统数据,以及海南进出岛信息管理系统、海南社会管理信息化平台等外部的国际贸易供应链和企业信用数据,为海关掌握全貌、识别风险、科学决策奠定基础。同时,应用大数据分析方法,对多源信息相互补充印证。

二是提升数据自动分析处理水平。计算机从大数据池中实时采集和抓取相关数据信息,并完成清洗匹配、校验比对、分析运算、风险识别、预警处置等流程;自动跟踪采集海关管理对象的行为信息,将监控、检测、查验等海关实际监管嵌入货物、物品及人员自由流动中,对异常情况自动触发执行指令,真正实现"寓严密监管于无形"。

三是提高系统辅助决策的能力。随着底层数据的日益增多,计算机系统数据挖掘、自主学习和自我完善的能力迭代提升,具有更快、更精准的洞察力和预见力,将助力关员在口岸边境上第一时间对高风险货物进行布控拦截,严厉打击走私和各种商业瞒骗,维护海南自由贸易港的安全和秩序,同时降低合法合规进出口货物的查验率。

**(七)关于智能监管**

按照供应链无缝衔接的海关顺势监管思维,探索"验放自动化、监控远程化、通关零等待、物流无干扰"的即时通关模式。加强图像识别(人脸识别、车牌识别等)、智能机器人等人工智能技术的应用,推行非侵入式查验,减轻关员压力,提高业务效率。

一是建设与码头配套的海关智能监管模式,进一步缩短货物的停留时间。例如,现场查验方面,利用无人驾驶的自动导航集卡,引导货车将卸船的货物直接运抵查验场地；在查验场地，海关监管车自动搭建检测门，对驶过的货车进行快速查验。系统风险判别方面，将查验模块嵌入码头的运营管理系统，在集装箱未抵达海南自由贸易港时，提前掌握物流信息并进行风险判别，通过减少对低风险商品的干预，进一步提高通关效率。

二是利用大数据算法和智能化设施，减少人工作业。加快数据挖掘、深度学习等大数据算法技术的学习应用，在计算机系统中植入专家经验，建立相应比对规则和风险预测模型，推进验放自动化。基于智能传感、视频再识别、地理信息识别、3D 透视扫描、AR（增强现实）、VR（虚拟现实）等新一代信息技术应用，研发智能审图系统、产品信息溯源平台、人脸识别仪、气体感应器、智能单兵作业装备、无人机、机器人等智能化软、硬件设施，在减轻关员压力的同时，提高业务效率。

三是运用信息管理系统，对减免税、保税、退税货物进行监管。海关优化现有的 H2010 通关管理系统、跨境电子商务通关监管系统、舱单管理系统、卡口控制与联网系统/智能卡口系统、保税货物区间流转系统、海关特殊监管区域信息化辅助管理系统等，为上述货物办理海关各项业务，全面实施智能化管理。

### 四、封关运作前支持起步区发展的先行监管方案

围绕海南自由贸易港起步区，在 2025 年全岛封关运作前，积极先行先试，进行压力测试，实现"早期收获"。

#### （一）率先在洋浦保税港区实施"一线放开、二线高效管住"的货物进出境管理制度

除法律法规规定和履行国际公约的禁止进出口货物，以及需要动植物检疫、卫生检疫的货物外，海关在洋浦保税港区、海口综合保税区等围网区域实施"一线放开、二线高效管住"的货物进出境管理制度。以企业为单元，依托舱单申报，以企业 ERP 系统数据为基础，建立与企业生产经营实际相适应的"进、出、转、存、销"的信息化监管模式。

**1. 围网区域"一线放开"**

围网区域和境外之间进出的货物，除有情报或风险分析需布控查验外，适用必要的最低查验率，仅保留一定的无干预随机布控查验和即决式布控查

验。除法律、行政法规和规章另有规定外，海关对境外入区货物实行备案管理，企业自主选择"先报关、后进区"或"先进区、后报关"的通关方式。对于出区离境货物，企业也可以自主选择"先报关、后出区"或"先出区、后报关"的通关方式。

其中，境外入区货物在"先进区、后报关"通关方式下，基本流程为：提货申请（信息化监管系统自动验核提货申请单），提货运输，货物入区，企业申报。出区离境货物在"先出区、后报关"通关方式下，主管海关可凭企业的报关接单信息办理卡口验放手续。

**2. 围网区域"二线高效管住"**

围网区域和境内之间进出的货物，可采用逐票申报方式或集中申报方式。对于涉及国家贸易管制政策的货物，企业应在货物实际进出区域前向海关提交相关许可证件。

围网区域与境内非围网区域的货物流转。货物入区需要区内企业向主管海关发送入区申请单，经海关审核通过后自动生成入区核放单。货物出区需要区内企业向主管海关提供相应的担保后，发送出区申请单，经海关审核通过后自动生成出区核放单。已进出区域的集中申报货物在未报关前，如需退换货的，企业凭退运核放单出入区。

围网区域之间的货物流转，在保税货物区间流转系统中进行，采用"分批送货、集中申报"的方式办理。区间流转货物可由企业自行运输，必要时以物联网技术手段辅助进行监控。

**3. 保税监管**

保税监管包括保税加工、保税物流、保税服务等监管内容。

海关为区域内的保税加工企业开设独立的电子账册，对具备实施条件的企业以工单式核销方式进行监管，对不具备实施条件的企业目前仍按传统核销方式监管，并积极探索企业自核单耗、据实核销等新型核销方式。

海关为区域内的保税物流企业开设独立的电子账册，企业可自主选择备案式账册或记账式账册，依托货物进出库记录和库存数据，对货物"进、出、转、存"实施监管。充分利用科技手段提高保税物流监管水平，创新保税物流监管模式，开展仓储货物按状态分类监管业务，允许企业自行选择运输工具承运保税货物。

保税服务监管包括对研发、检测、维修、展示以及其他新型保税业务的监管。海关对研发业务所涉设备、材料等货物的监管参照保税加工模式操作，并按相应的监管方式实行监管；对检测业务监管参照保税物流监管模式实行监管；对境内外维修业务监管参照保税维修监管模式实行监管；对可以在区外开展商品展示展销业务的区内企业，通过信息化监管系统和税收担保制度进行监管；对大宗商品现货保税交易按照海关总署 2016 年第 71 号公告相关规定进行监管；对保税期货交割、保税融资租赁、保税仓单质押等新型保税服务业务，按自由贸易试验区 14 项海关监管创新制度复制推广业务指引办理。

**4. 卡口管理**

卡口智能化，卡口系统读取物流信息，并和海关信息化监管系统的单证信息自动比对，实现自动核放、账册自动核注。卡口联动，实现海南自由贸易港内围网区域与口岸之间、不同口岸之间、不同围网区域之间卡口的联动。跨关区联动，依托海关总署卡口系统和各海关信息化监管系统，实现区域间卡口跨关区联动。

**5. 企业管理和后续监管**

完善对区域内企业的信用管理制度，统一规范执行企业信用认定标准，全面掌握企业运营状况，及时调整企业信用管理措施。强化对区域内进出口企业的后续监管，推行差别化稽查核查作业模式，根据海关不同的监管需要或企业信用状况，实施不同的稽查核查作业方式、方法、范围和频率。

**（二）支持重点产业发展和重点项目建设，对进口资本品、中间投入品免征关税**

对国际旅游消费中心先导项目（具体清单由海南省有关部门商定）的基础设施、国家重大战略项目（具体清单由海南省有关部门商定）进口自用设备和中间投入品，免征进口关税，免许可证件。对属于高新技术领域的八大产业（电子信息、生物与新医药、航空航天、新材料、高技术服务、新能源与节能、资源与环境、先进制造与自动化），凡符合条件的企业（由海南省会同相关部门制定筛选标准），也免征进口关税，免许可证件。

推进海关减免税、保税管理系统的融合，试行"四自一简"（企业自主备案、合理自定核销周期、自主核报、自主缴补税款、海关简化业务核准手续），便于企业统筹利用两种资源、两个市场，鼓励先进制造业延伸价值链，支持制造业服务化转型。

### （三）支持海南建设国际旅游消费中心，探索自由贸易港特色业务监管模式

**1. 离岛免税**

以免税品经营企业为单元建立账册，将免税购物商品的来源拓展至保税货物和退税货物，构建以"经营企业"为监管对象的免税品全流程监管体系。创新海关监管制度，加强对出入境人员、本地居民、国内游客的身份信息、免税购物信息、出入岛信息等的相互比对，从源头预防"水客"走私风险。依托离岛旅客"人脸识别"信息、有效身份证件及购买信息等开展大数据分析，根据购买免税品的岛内居民和国际国内游客不同身份，做好免税品的监管核销工作。

**2. 博鳌乐城国际医疗旅游先行区**

对区内医疗机构进口的用于区内病患者的医疗器械及药品免征关税，海关比照现行减免税货物管理模式监管，出区时照章征税并按规定提交相应许可证件，进口药品凭医疗机构处方及使用记录办理核销手续。允许将区内医疗机构用于研发的进口货物纳入保税监管，海关据实核销。实行进区特殊货物（指生物制品、血液及其制品、人体组织、微生物）极简审批和快速通关，优化特许医疗器械"直通到区"通关监管模式，与相关监管部门通过先行区特许药械追溯管理平台进行联合监管。对先行区引进的单克隆抗体等低风险类特殊货物实施"先入（保税）仓、后检疫"的监管模式。

**3. 游艇**

依托卫星定位等技术手段，建立游艇信息化系统，实现海南自驾游游艇进境免担保。海关、边防、海事等部门加强监管协作，提升综合管理效能。加强对进境游艇及个人携带物品的卫生检疫、动植物检疫、食品安全监管。海南可按需申请设立游艇水上保税仓库，并依托游艇水上保税仓库进一步拓展游艇产业链条，游艇保税仓可以开展仓内保养、出仓试驾、出仓展示、出仓维修等业务。

**4. 会议、会展和赛事**

允许依托保税仓库开展保税展示交易业务。对需审批进境的与会议、会展和赛事有关的食品，授权海口海关实施审批。对有检疫准入要求但未获得

准入的食品、农产品，经风险评估确认无疫病疫情传播风险的，允许参展，但不能销售；展会期间用于品尝（试用）、散发的展览食品、化妆品，参展商应当具备符合要求的合格证明以及会展组织方出具的情况说明。支持沙滩运动、水上运动、赛马运动等赛事发展，建设无规定动物马属疫病区，参考国际推荐标准，探索HHP（高竞技水平、高健康状况马）检疫监管新模式。对海南举办的会展和赛事进境物品，可由主办方统一提供税款总担保，完善、创新担保方式。

### 五、分阶段、分步骤构建海南自由贸易港海关监管制度

结合海关实际，积极主动，量力而行，分步骤、分阶段建设海南自由贸易港海关监管制度，加快探索建设中国特色自由贸易港进程。

近期，从现在到2020年，是准备阶段。[①] 加大试点，确保海南自由贸易港建设重点具有显示度和影响力，取得实效。积极在洋浦保税港区、海口综合保税区试行"一线放开、二线高效管住"的货物进出境管理制度。选取旅游业、现代服务业和高新技术产业，试点对进口资本品、中间投入品免征关税。支持海南建设国际旅游消费中心，探索离岛免税、博鳌乐城国际医疗旅游先行区、游艇、会议、会展和赛事等特色业务的监管模式。

中期，从2020年至2025年，是探索起步阶段。以2025年全岛实现封关运作为目标，加快口岸软、硬件设施和进出岛通道建设，在有效监管、风险可控的基础上，实施分线管理。除不予免税清单内的货物外，对从境外进入海南的货物免征关税，实行备案管理。除列入海南货物禁限负面清单的外，海南与境外之间进出的货物不实行配额或许可证件管理。

远期，从2025年至2035年，是完善阶段。在实践中，不断完善海南自由贸易港海关监管特区的监管制度，打造更具国际影响力和竞争力的开放型经济新高地。随着海关监管能力的提升和全社会守法自律意识的增强，动态调整不予免税清单、禁限负面清单等的范围。

（执笔人：万中心 田仲他 程前）

---

[①] 这是本课题组2019年时的研究结论。为反映当时的研究思路，保留了原来的内容。后文的"中期""远期"亦同。

附录1

## 清单1 "一线"监管要求

海关依法对从海南进出境的货物、物品、运输工具进行监管,并实施卫生检疫、动植物检疫处理,依法开展口岸卫生监督和疫病疫情监测。

(一)对货物的监管

1. 经"一线"进出的货物,除列入不予免税清单的,免征关税,实行备案管理。不予免税清单内的货物,按照进出口货物的有关规定办理报关手续。

2. 经"一线"进出的货物,除列入海南货物禁限负面清单的,不实行配额或许可证件管理。

3. 进口货物在"一线"口岸按规定实施卫生检疫、动植物检疫和放射性检测。

对进口食品、化妆品、旧机电、强制性产品认证目录内产品、可用作原料的固体废物、危险化学品及其包装、进入海南后无法分清批次的散装应检物、成套设备,在"一线"实施相关检验。

4. 列入强制性产品认证目录的商品经"一线"进入海南时,用于科研、测试等符合免于办理强制性产品认证条件的,可采取便捷措施,及时办理免办证明,并实施快速验放。

5. 海南企业生产加工货物出口的,除法律、行政法规明确规定的,为履行国际公约、协定必须实施检验的,输入国家(地区)要求提供出口国(地区)证明的,以及输入国家(地区)、贸易合同有约定需要做装船前检验的货物外,可免予实施检验。

6. 内地生产的货物经海南出口的,按产地检验、口岸查验的制度实施管理。

7. 除法律、行政法规另有规定外,进出境的样品、礼品、暂时进出境的货物,免予检验。

(二)对人员及其物品的监管

1. 经"一线"进出的人员及其携带物品通关按现行检疫模式管理。出入境人员卫生检疫实行常态下无症状快速通关和有症状主动口岸申报制度。境外发生国际关注突发公共卫生事件,进入应急状态时,按海关应急处置有关要求执行。

前款所称有症状是指进入海南的人员有发热、咳嗽、呼吸困难、呕吐、腹泻等症状，或者患有严重精神病、传染性肺结核病，或者患有可能对公共卫生造成重大危害的其他传染病。

2. 对经"一线"进入海南的旅客携带的行李物品，按现行进境物品进口税的相关规定进行管理。海关按国家现行关于旅客行李物品的规定实施验放。

（三）对运输工具的监管

1. 经"一线"进出海南的运输工具，按《中华人民共和国海关进出境运输工具监管办法》《中华人民共和国海关进出境运输工具舱单管理办法》及其他相关规定进行监管。

2. 经"一线"进出海南的交通运输工具，按现行检验检疫模式管理。

3. 对入境停泊指定码头的游艇，采用"申请人预申报、提交申报单"的方式办理通关手续。在判定无染疫的情况下，允许船员和游客先登岸再办理游艇查验手续。

4. 机动车搭载船舶进出海南，允许由船方或其代理进行统一申报，办理检疫手续，进行检疫处理。经常往来车辆可以采用机动车检疫监管本管理，简化申报手续。

（四）转口或过境应检物检验检疫监管

1. 从海南入境的转口或过境应检物，入境时应在"一线"实施检疫，免予实施检验，免于强制性产品认证。

2. 以原包装转口或过境并且包装密封状况良好、无破损、撒漏的，海关仅实施外包装检疫，必要时进行检疫处理。

3. 从海南转口或过境的应检物，因包装不良或其他原因需要在海南进行分级、挑选、刷贴标签、改换包装等形式加工后再出境的，海关应在"一线"按规定实施卫生检疫、动植物检疫以及食品检验。危险化学品按规定实施检验监管。

4. 转口或过境应检物从海南"一线"出境时，除法律法规另有规定和输入国家或地区政府要求出具我国检验检疫机构签发的检疫证书或检疫处理证书外，不再实施检疫和检疫处理。

附录 2

## 清单 2 "二线"监管要求

（一）对货物的监管

1. 经"二线"进出的货物，除减免税、保税、退税货物外，可经海关指定的无申报通道进出海南，海关保留对这些货物的查验权。

2. 从内地运往海南的货物，不实行出口配额、许可证件管理。从海南运往内地的货物，对于同一配额、许可证件项下海关在进境环节已经验核的，进入内地时不再验核配额、许可证件；否则，需验核相应进口配额、许可证件。

3. 内地货物销往海南，除列入不予退税清单的外，视同出口，按规定实行退税。这些退税货物应当经海关指定的申报通道进入海南，入岛后存放在经海关认可的地点。

4. 海南的减免税、保税、退税货物销往内地，应当按照进口货物有关规定，经海关指定的申报通道离开海南。办理相关海关手续后，上述货物可以办理集中申报，但不得跨月、跨年申报。

5. 海南未办结海关手续的海关监管货物需要转入内地其他监管场所的，一律按照转关运输的规定办理海关申报手续。

6. 办理相关海关手续后，海南企业与内地企业之间可以开展加工贸易深加工结转和外发加工业务。对海南与其他海关特殊监管区域、保税监管场所以及加工贸易企业之间往来的保税货物，海关继续实行保税监管。

7. 海南企业生产、加工并销往内地的保税货物，海关依企业意愿按料件或按实际报验状态征收进口关税，按照货物实际报验状态照章征收进口环节增值税、消费税。

8. 经海南运往内地的优惠贸易政策项下货物，符合海关相关原产地管理规定的，可以申请享受优惠税率。海关对于上述货物可以实行原产地核查。

9. 法定检验货物，从"一线"进口时未实施检验的，在从"二线"进入内地时应按规定实施检验，检验合格的允许进入内地销售、使用。列入强制性产品认证目录的商品，在"一线"办理免办证明、实施快速验放的，从海南经"二线"进入内地时，按强制性产品认证的规定执行。

10. 在"一线"已经实施检验检疫的进口货物，直接从海南进入内地的，在"二线"直通放行。

11. 内地货物进入海南，海关不实施检验检疫。入岛后直接经"一线"出口的，按产地检验、口岸查验的制度实施管理。

12. 海南企业生产加工的货物进入内地，海关不实施检验检疫，但原产于境外的法检货物在海南只经过简单加工的除外。

（二）对人员及其物品的监管

经"二线"进入内地的人员携带的行李物品实行便捷通关，海关在"二线"保留对人员携带的行李物品的查验权。

（三）对运输工具的监管

经"二线"进出的运输工具不得运输未办理相关海关手续的海关监管货物。海关可以对经"二线"进出的运输工具实施检查。

# 关于海南自由贸易港海关监管实施方案的研究报告

海关总署研究中心在前期开展"海南自由贸易港海关监管制度"专题研究的基础上，对标国际自由港监管的经验和做法，走访署内相关司局，按照"加快探索建设中国特色自由贸易港进程"的要求，组织专题研讨，研究提出让党中央放心、让人民群众满意的海南自由贸易港海关监管实施方案。

## 一、海南自由贸易港海关监管可能面临的主要风险

作为当今世界最高水平的开放形态，海南自由贸易港建设对海关来说，既是大有可为的历史机遇，也意味着较大的风险挑战。

### （一）全社会守法自律意识需要提升

全社会守法自律意识的提升是海南自由贸易港建设的基础。近年来，我国全面依法治国建设取得显著成效，但仍然存在部分企业和自然人守法自律意识不强的问题，少数人甚至不惜以身试法，热衷于走邪路、捞偏门赚取非法利润。我国始终保持打击走私的高压态势，反走私综合治理取得明显成效，走私猖獗势头得到有效遏制。但是，从国际比较来看，仍然存在差距。《经济学人智库》于2018年6月发布了"2018年全球非法贸易环境指数"，我国在84个国家（地区）中仅排第44名（参见附录1：中国、新加坡、阿联酋"2018年全球非法贸易环境指数"比较），与新加坡（排名第25位）、迪拜（阿联酋排名第34位）相比，仍有较大的提升空间。海南历史上曾经出现过较为严重的汽车走私事件。近年来，海南成品油走私是一个较为突出的问题。海南省自1994年1月1日起，将公路养路费、公路运输管理费、过路费、过桥费"四费合一"，统一征收机动车燃油附加费，与内地成品油价差较大。海南成品油走私犯罪呈现团伙化的特点，走私手段更加隐蔽。海南守法自律状况不容乐观。

## （二）自由贸易港与其他地区的税差，可能加大海南走私风险

新加坡和迪拜是世界知名自由港，其关税的征税范围小、税率较低，这与我国存在较大差异。根据世界贸易组织发布的《世界关税概览2020》，新加坡税率很低，不论是简单平均的最惠国税率还是贸易加权平均税率，都接近于零。迪拜所在的阿联酋，税率居中，简单平均的最惠国税率为4.8%，贸易加权平均税率为4.3%。而我国税率较高，简单平均的最惠国税率为7.6%，贸易加权平均税率为4.4%，总体来看远高于新加坡，在简单平均的最惠国税率上也明显高于阿联酋（参见附录2：中国、阿联酋、新加坡平均关税税率比较；附录3：新加坡、阿联酋、中国分商品关税税率比较）。

新加坡除酒类、烟草、机动车、石油及生物柴油四种商品外，其他商品均无须缴纳关税。迪拜大部分商品关税税率在0~5%，仅对酒精饮料、烟草等商品实行50%、100%等档次的高税率①。消费税方面，原先仅对烟草制品、功能型饮料和碳酸饮料（不包括苏打水）分别按100%、100%和50%的比例征税，2020年1月起对任何添加糖或甜味剂的饮料均征收50%的消费税，对电子烟设备及其使用的液体征收100%的消费税。增值税标准税率为5%，还有不少商品和服务适用零税率或免征增值税。我国关税和进口环节税与国外有差异，在海南自由贸易港建设过程中，较大的价格差异和利润空间会导致税收征管风险，有可能面临更大的逃税风险。

## （三）自由贸易港建设带来的客流、物流增长，可能加大安全准入风险

海南自由贸易港建设带来的客流、物流增长，可能加大安全准入风险。同时，外部环境的变化也要求我们更加重视传统安全与非传统安全带来的威胁。

国门生物安全方面。习近平总书记指出："青山绿水、碧海蓝天是建设国际旅游岛的最大本钱，必须倍加珍爱、精心呵护。"维护国门生物安全是生态文明建设的重要一环。防范有害生物入侵，构筑国门生物安全防线，保护海

---

① 海湾阿拉伯国家合作委员会（简称海合会）还保留对这些商品征收附加进口税的权力。2016年，海合会就对部分商品进行选择性征税达成一致，对烟草的选择性征税从100%提高至200%，碳酸饮料（汽水）和酒精饮料的税率也分别从50%和100%提高至100%和200%。阿联酋已于2017年第四季度开始征收选择性税。

南的农业、经济、社会安全,是加快海南自由贸易港建设,建设国际旅游岛的根本前提。国际自然资源保护联盟公布的 100 种破坏力最强的外来入侵物种中,约有一半入侵我国,每年造成直接经济损失达 1200 亿元。随着跨境电商、国际服务贸易等新业态的发展,进境动植物的产品种类和来源地更加广泛,携带和邮寄进出境动植物增势明显,传播渠道更加复杂。以 2018 年第一季度为例,海南各口岸共截获有害生物 446 批次、942 种次,其中有巨大潜在危害风险的检疫性有害生物 19 批次、30 种次,同比分别增加 11.76% 和 57.89%[①]。此外,以前全国动植物种质资源的进口通过内地各口岸进行,未来将由海南主导,进口的动植物要先在海南全球动植物种质资源引进中转基地进行观察,确定没有生态风险后,再运往内地,这势必会加重海南生物安全监管压力。

卫生健康方面。随着海南自由贸易港全方位对外开放,与发展中国家以及新兴市场的交流将不断扩大。欠发达国家或地区的卫生健康状况不容乐观,埃博拉出血热、黄热病、霍乱、中东呼吸综合征、寨卡病毒病等新发再发传染病跨境传播形势严峻,从海南口岸传入的风险加大。

进出口食品安全方面。习近平总书记指出:"食品安全是民生,民生与安全联系在一起就是最大的政治。"近年来,我国与境外食品贸易大幅增长,种类不断丰富。但境内外差价形成套利空间,进境货物中夹带藏匿、伪瞒报走私冻肉行为,夹带未熟制牛羊肉、猪油、鸡油、草药等,以及伪造、套用、冒用随附证书进口肉类,退运食品转口岸进口等安全风险有增无减。

公共安全方面。海南地理位置特殊,面临的安全和发展环境复杂多变。武器弹药走私多头入境,并悄然向跨境电商等新业态转移。近年来,海口海关查发了一定数量各类毒品、非法出版物等。

## 二、海关监管实施方案研究过程中的难点问题

### (一)从海关监管角度看,如何对自由贸易港定性

探索建设海南自由贸易港,首先遇到的问题,就是从海关监管角度,对

---

① 《海南各口岸多举措守住国门生物安全防线:一季度截获有害生物 446 批次》,《法制时报》,2018 年 4 月 16 日。

该特殊经济功能区如何定性?

国际上对于自由区有一些共识。《经修订的京都公约》专项附约四第二章"自由区"（以下简称专项附约四第二章），是目前国际上对自由区监管所普遍遵循的监管理念和措施。世界海关组织关于《经修订的京都公约》的指南解释说，有些国家的海关当局会对自由区，采用"自由港""自由保税仓"或"对外贸易区"等不同名称。专项附约四第二章明确，自由区是指缔约方境内的一部分，进入这一部分的任何货物，就进口税费而言，通常被视为在关境之外。也就是说，除进口税费外的其他海关监管措施（如边境管控、检查和扣押等），都应得到保留和执行。专项附约四第二章第4条规定①，海关有权随时对存放在自由区内的货物进行检查。具体来讲，海关基于公共道德、公共安全、公共卫生以及动植物检疫等，可以对自由区货物和作业实行管控。《经济学人智库》将"是否加入《经修订的京都公约》专项附约四第二章"作为"2018年全球非法贸易环境指数"中"透明度和贸易"分指数的重要评价标准之一。2016年，我国加入《经修订的京都公约》专项附约四的第二章②。

海南自由贸易港建设尚处在研究探索阶段，目前法律上并没有明确该区域的性质。海南全岛的面积比国际上已有的自由区大很多，如果要实施比现行海关法中"海关特殊监管区域"更加优惠的政策（国务院批复平潭综合实验区时，曾明确"在现有海关特殊监管区域政策的基础上，实施更加优惠的政策"），而海关监管制度与惯常做法相比也有明显的不同，将意味着对我国现行政策法规的突破和调整。海南是我国最大的经济特区，但就全省而言，尚不是海关监管意义上的特区。为此，亟待从法律上明确海南自由贸易港的海关监管特区性质和定位，并以此为基础推进海关监管制度的创新和突破。

### （二）如何确保有效监管、风险可控

如何防控非设关地走私？海南岛海岸线长达1944千米，有大量港湾、民间码头、可供渔船登陆上岸的滩涂等，非设关地点多，走私自然条件比较便利，又地处反走私斗争的重要前沿，毗邻北部湾等走私高发地区，仅靠海关

---

① 本条是专项附约四第二章的标准条款，即接受本章的国家必须实行。
② 保留四个建议条款，即建议条款6、建议条款9、建议条款10、建议条款18。

在设关地等场所进行监督管理是远远不够的。从监管实践来看，非设关地走私风险居高不下。机构改革后，海关不下海，由海警负责执行海上缉私执法任务，海关缺少海上执法力量，环岛水域监控如何实施到位，是我们面临的难题。

封关之后，进出岛运输工具、货物、物品如何监管？2018年，海南全省港口货物吞吐量达1.83亿吨①，但是进出口货运量仅有3218万吨②，绝大部分是与内地之间的进出岛货物。2018年海南旅游业接待国内外游客7627.39万人次，其中入境游客仅126.36万人次，国内游客占绝大多数③。与内地往来既有空港，也有海港，非设关地也有一些可以停靠各类船只的码头。如何既方便岛内人员、货物进出，又避免岛内特殊政策对内地形成冲击，必须从整体上进行设计。

反走私综合治理责任如何落实到位？推进反走私综合治理一直是我们面临的难题。海南封关运作以后，不仅面临进出境的走私问题，而且面临进出岛的走私问题，落实反走私综合治理责任制，显得尤为重要。海南省政府的反走私综合治理主体责任如何体现，部队、海关（缉私）、公安、边防、打私、海警间如何实现大协同，以及如何推进信息化系统的融合，并在此基础上实现快速发现、精准打击和有效治理，群防群治如何落到实处，这些问题都要认真研究，加以解决。

### （三）自由贸易港与内地之间的关系如何处理

主要靠对境外的开放，是否足以支撑海南发展？新加坡等自由港的经验表明，打造最高水平的开放形态，要有腹地，依托大市场。新加坡提出了"扩大腹地战略"，把七小时飞行范围④内的国家和地区，视为通商及经济发展腹地。所以，海南自由贸易港发展必须依托内地作为腹地和大市场。目前，海南与内地往来密切。例如，海南是我国重要的冬季瓜菜、热带水果生产基地，2019年11月1日至2020年2月13日海南共出岛冬季瓜果蔬菜6.83万

---

① 资料来源：《海南统计年鉴2019》。
② 资料来源：中华人民共和国海口海关《为海南自贸区（港）建设积极贡献海关力量》。
③ 资料来源：《海南统计年鉴2019》。
④ 包括东盟、中国、印度、澳大利亚、新西兰、日本和韩国等国家和地区。

车、102.35 万吨。据统计，海南每年出岛瓜果蔬菜总量基本稳定在 500 万吨以上，出岛瓜果蔬菜约占海南生产总量的 60%。[①] 在离岛免税购物方面，2019 年离岛免税销售额达 133.76 亿元，比上一年增长 32.7%，拉动海南省社会消费品零售总额增长近 2 个百分点，购物人次 386 万，比上一年增长 40.2%。[②]

海南自由贸易港与内地是分隔还是打通？海关特殊监管区域发展的历史经验也表明，"两头在外"的发展模式不利于有效利用"两种资源、两个市场"。在海南发展新动能形成前，人为将海南与我国内地分隔，不利于海南高水平开放、高质量发展。为此，海南的高水平开放不应是单向阀门，而应双向打通，通过申报通道和无申报通道的通道式管理，在跟国际打通的同时，又和内地打通，不能将海南与国内其他市场隔开。

目前的口岸软硬件设施能否满足进出岛监管需要？海南省口岸的软硬件设施建设相对滞后，在满足进出境监管方面已稍显捉襟见肘，更无法满足封关运作后的进出岛监管需要。一是口岸通关区域狭小。如三亚凤凰机场存在口岸查验场地小、查验设施设备无法摆放的问题。并且随着自由贸易港建设不断深入，口岸业务量将快速增长，对口岸保障能力会有更高要求。二是口岸过机检测设备配置相对不足。集装箱码头、港口作业设备陈旧，集装箱过机设备有所不足，增加了通关耗时，给企业带来一定不便。三是口岸配套保障设施不够健全。港口联检及后勤保障设施配套不全，查验机关办公、食宿、交通等问题尚未得到妥善解决，一定程度上影响了通关服务保障能力。目前，海南亟待下大力气加大口岸基础设施建设和改造力度，以更好地适应封关运作后海关全面实施通道式管理的需要，为有效监管提供基础保障。

### （四）岛内监管如何做到"活而不乱"

改革开放以来海南经历了三次"大起大落"，第一次是汽车走私事件、第二次是房地产泡沫、第三次是海南国际旅游岛建设初期房价大涨。吸取海南历史上的经验教训，海南建设自由贸易港既要规范要求，又要留出创新空间，力求"活而不乱"，保证政策的长期连续性和预期的稳定。

---

[①] 资料来源：中国新闻网，《2019"冬交会"：海南农产品网上交易额达 470.30 亿元》2019 年 12 月 12 日。

[②] 资料来源：海南省商务厅官网，《1808 亿，2019 年海南消费亮点纷呈》，2020 年 3 月 16 日。

放得开的前提是管得住。当前海南正加快探索建设中国特色自由贸易港，伴随着开放力度不断加大，各种风险将更加复杂和严峻。如果管控不好各类风险，开放就无从谈起。为此，要强调进一步增强忧患意识，提高防范化解重大风险的能力，该管的一定要管好、管到位，确保不出现重大系统性风险。

自由贸易港最大的特征是开放。习近平总书记在"4·13"重要讲话中要求海南坚持开放为先，实行更加积极主动的开放战略，推动形成全面开放新格局。立足贸易投资自由化、人员往来自由等，更好地发挥海关的职能作用，营造法治化、国际化、便利化的营商环境和公平、开放、统一、高效的市场环境，让各种生产要素更加合理流动，激发市场主体发展经济、创造财富的活力。

### 三、可资借鉴的做法和经验

#### （一）新加坡、迪拜等自由港的监管经验

新加坡和迪拜都是世界知名的自由港，有着成熟的监管经验可供借鉴。（详细内容参见"分报告六　新加坡自由港如何实现有效监管""分报告七　迪拜自由港有效监管经验"）

**1. 强化监管，赋予海关全关境执法权力**

新加坡海关在全关境内拥有一定的执法权力，包括搜查、扣押、逮捕、设置路障等。如，新加坡《海关法》第101条规定，海关高级官员在得到信息并进行必要调查之后，有合理理由相信某住宅、商店、其他建筑或地方，藏有或存放有应税货物或未清关货物、依《海关法》应被没收的货物、违反《海关法》的货物，与上述货物交易相关的账簿、记录、文件或其他物品，可发出搜查令授权任何海关官员进入该地搜查和扣押有关货物和物品，并逮捕管有或有充足理由怀疑藏有以上货物和物品的任何人。第103条规定，若海关高级官员有合理根据相信，如果因要获得搜查令而造成延迟，以上货物或物品可能会被移走，那么该海关官员可以在该地如同拥有搜查令那样，行使第101条提到的所有权力。第107条规定，海关高级官员为防止走私应税货物或为侦查逃税行为，如果认为有必要，可以在任何公众道路上或任何公众地点设置路障。

阿联酋为海合会成员，迪拜作为阿联酋的酋长国之一，执行海合会《共同海关法》。《共同海关法》第122条规定，为打击走私，海关官员有权根据本法和其他适用的法律法规检查货物和运输工具，并对人员进行搜查。如果有充分证据证明存有违禁品，经许可，海关官员有权检查任何房屋、商店。

### 2. 处罚严明，培育良好的法治氛围

只有根据相关规定严格执行处罚，才能对从事非法贸易的犯罪分子形成震慑；只有依靠良好的法治氛围，才能真正贯彻落实进出境相关的法律法规。新加坡和迪拜均对非法贸易行为实施严厉惩处。

新加坡是一个典型的法治国家，立法完备，执法严明，司法独立，并且全社会崇尚法治，信仰法治。在货物贸易方面，新加坡对相关违法行为设定了全面而细致的罚则，且执法部门严格执行有关规定。如《海关法》对涉及烟草制品的违法行为，根据涉案烟草制品的重量是否超过2千克以及行为人是否犯有前科，区分了四种情况，并详细规定了每种情况下的处罚办法以及无法确定所逃税款时的罚款标准。

迪拜对于走私行为给予严厉处罚，如果走私货物属应征收较高税率关税的，将处以不少于两倍应缴关税但不超过两倍货值的罚款，或不少于一个月但不超过一年的监禁；对其他货物，处以不少于两倍应缴关税但不超过货值的罚款，或不少于一个月但不超过一年的监禁；走私免征关税货物的，处以不少于货值百分之十但不超过货值的罚款，或不少于一个月但不超过一年的监禁；走私禁止类货物的，处以不少于货值但不超过三倍货值的罚款，或不少于六个月但不超过三年的监禁；没收用于走私的运输工具和材料；如再犯，可加倍处罚。

### 3. 加强信息化建设，强化科技应用

新加坡和迪拜注重信息化建设和技术应用，依托现代科技手段实现对货物、运输工具和物品进出境的有效监管。新加坡的国际贸易"单一窗口"——贸易网（TradeNet），将进出口商与新加坡海关、警察部队、中央肃毒局、建设局等受管制货物主管机构，以及其他有关机构相连，提供集成服务。新加坡还在此基础上不断完善，相继推出商贸讯通（TradeXchange）和互联贸易平台（NTP），持续提升信息化水平。除了受到高度赞誉的"单一窗口"外，新加坡在其他科技应用上也紧随时代，例如其口岸检查站正在逐步以虹膜识别取代指纹验证来检查旅客身份，以提高效率和安全性。

迪拜海关积极推出移动应用服务，使用区块链、人工智能等技术，强化监管，促进合法贸易。迪拜海关推出了"iDeclare"旅客智能手机报关。"金伯利行动"倡议使用区块链技术来加强钻石来源核查。智能风险引擎与多个资源渠道相连，能够精简货物及个人报关资料。船舶和旅行智能跟踪系统帮助海关官员从空中和海上跟踪货物，以实现更好的风险管理并提高运作效率。机器人自动智能退款系统，使用人工智能帮助迪拜海关实现索赔和退款服务的自动化。

迪拜机场安装了虹膜检测机，持因私护照入境者必须接受虹膜检测，检测合格后即获入境许可。2018年，迪拜居留与外国人事务总局（GDRFA）与阿联酋航空合作，在迪拜机场试点安装生物识别通道。通道内设置约80个人脸识别技术摄像头，使用旅客人脸自动识别技术，旅客只需走过通道即可完成通关，无须人为干预，也无须在护照上盖章。未来，迪拜将把生物验证和区块链技术相结合，使用一种"预先批准的并且是完全数字化的护照"来授权旅客入境。

**4. 建立物理围网的和非围网的自由区，严格监管**

新加坡、迪拜都设置了自由贸易园区（Free Trade Zone）或自由区（Free Zone），给予区内企业更大的优惠和便利。

截至2019年9月，新加坡目前一共有9个自由贸易园区，归3个国家指定的管理当局运营。进口商进口货物到自由贸易园区，不需要缴纳关税、消费税或货劳税；货物在园区内被消费，或从园区进入新加坡本地时，才缴纳相关税款。自由贸易园区均以物理围网加以封闭。除事先得到海关的书面许可外，区内建筑距园区边界的距离不得少于6米。除经园区管理当局许可外，任何人不得进出自由贸易园区。自由贸易园区内的零售贸易，应经管理当局书面授权并受管理当局制约，否则不得进行。海关为防止未经授权人士或货物进出园区而发出的指示，园区管理当局均应当遵守。

自由区是迪拜经济增长的引擎，为迪拜经济贡献了大部分国民收入和就业岗位，如杰拜阿里港和杰拜阿里自由区2017年产值占迪拜GDP的33.4%，并贡献了迪拜16.2%的就业[①]。迪拜自由区有围网型和非围网型两类。其中围

---

① 资料来源：中国商务部官网，《杰拜阿里港及其自由区为迪拜贡献33.4%的GDP》，2019年12月18日。

网自由区有杰拜阿里自由区、机场自由区、迪拜汽车城等，非围网自由区包括迪拜创意集群管理局管理的自由区等。海关对自由区负有监管责任，在《共同海关法》中明确了自由区海关监管办法，并对进口至自由区、从自由区进口至阿联酋/海湾合作委员会国家、从自由区进口至国内后复出口、自由区临时入区许可、自由区内的货物转让、国内市场经自由区出口货物几种流向进行监管。按照规定，进口商需从海关取得有效进口商代码；货物需在报关之日起72小时内运抵自由区；在货物抵达自由区并获得海关同意之前，权利人不可打开、变更或处置货物；货物在进入自由区或运输至仓库时需接受海关查验；申报人需要交纳500迪拉姆的材料保证金，以防所需材料提交不齐全。自由区内所有企业必须采用电子化、可彻底审核的存货管理系统。区内企业须按海关要求制作存货单以与海关记录进行比对。

### (二) 美国对外贸易区的监管经验

自20世纪30年代开始，美国在某些港口及其毗邻地区划出特别区域兴建对外贸易区（Foreign Trade Zone，FTZ），旨在促进国际贸易、扩大出口、增加就业机会、刺激地方经济发展并提升美国企业的全球竞争力。随着对外贸易区功能的不断完善和扩展，其数量在增加，作用也在增大。2019年美国共有193个活跃的对外贸易区，货物出口额超过1100亿美元，占到美国货物出口总额的6.7%，并在全美提供了约46万个较高薪的工作岗位。[①]

1934年美国颁布的《对外贸易区法案》是管理对外贸易区的基本法律。依据该法案成立的对外贸易区委员会是美国政府管理对外贸易区事务的最高机构。美国海关和边境保护局（简称CBP）对进出对外贸易区的货物实施监管，采取了一系列既能确保有效监管、又能促进贸易便利化的措施，其中对货物按状态分类监管是很重要的一条措施。

为实施按状态分类监管，CBP设定了四类货物状态。一是"优惠的国外状态"（Privileged Foreign Status），内销时企业选择按进口料件纳税。国外货物入区后，在未经任何加工前，进口商可以向CBP口岸负责人申请该批货物为"优惠的国外状态"，确定该货物的税号和税率，日后无论是否经过加工，

---

① 资料来源：美国对外贸易区协会（The National Association of Foreign-Trade Zones）2020年年度报告。

销往美国国内都可适用申请日的税号和税率。二是"非优惠的国外状态"（Non-privileged Foreign Status），内销时企业选择按成品纳税。此类货物按照其进入美国关境或是 CBP 保税仓库时的状态确认税号和税率，并办理有关海关手续。从"优惠的国外状态"货物中产生的废物和失去标识的国内货物，都可被看作是"非优惠的国外状态"。三是"国内状态"（Domestic Status），美国国内生长、生产或制造的已缴纳所有税项的货物，或国外进口的已完税货物或者免税货物，都可以向 CBP 口岸负责人申请为"国内状态"。被确认为"国内状态"的货物，无须申请和 CBP 批准，可自由进出对外贸易区。四是"区内限制状态"（Zone Restricted Status），以仓储、销毁为目的入区的货物，可以向 CBP 申请为"区内限制状态"。这类货物非经对外贸易区委员会的裁定，除销毁所需工序外，不得改变"区内限制状态"返回美国国内，也不得进行加工、制造或组装等处理。

美国很多对外贸易区的制造活动同时使用国外和国内商品，其中国外商品的比例大致为37%。这种对货物按状态分类监管的方式，满足了当前商品无国界生产和全球分销运作需要，在提高货物监管严密性的同时，也降低了企业的物流成本。

### （三）平潭综合实验区和横琴新区的实践探索

2013 年海关先后出台了对平潭综合实验区和横琴新区监管办法（海关总署第 208 号令和第 209 号令），在现有海关特殊监管区域模式的基础上，对平潭综合实验区和横琴新区的监管进行了创新和突破，努力在扩大开放的同时实现有效监管，这为海南自由贸易港海关有效监管提供了很好的实践经验。

一是平潭和横琴实行比海关特殊监管区域更加优惠的政策。按照现行政策，海关特殊监管区域主要有：保税区、出口加工区、保税物流园区、保税港区、综合保税区和跨境工业区等。上述不同区域对应不同税收优惠政策，大致包括免税、保税、退税。而平潭、横琴除享受相关免税、保税、退税政策外，还享有"选择性征收关税"的政策，即往区外销售保税货物时，可以根据产品实际情况，自主选择是按照原材料或是成品、半成品来缴纳进口关税。

二是在"二线"设立无申报通道，确保岛内居民正常进出。海关特殊监管区域通常不允许个人居住或是与生产、贸易无关的商业活动。而平潭、横琴内住有居民，生产生活设施齐全。对此，海关创新通关监管模式，防止对居民的出行产生影响。以平潭为例，在"二线"卡口，海关设有 18 个无申报通道，除带有减免税货物、保税货物或退税货物的运输工具外，其他车辆可以从无申报通道正常出行。海关在平潭全面推广无纸化通关，车辆在通过"二线"通道时由系统自动采集车牌信息，判断是否予以放行，无须绑定 IC 卡或安装电子车牌，整个通关过程只需两三秒时间，非常便捷、高效。

三是开展环岛监控与巡查，实现了对周界和重点区域的有效监管。以平潭为例，自平潭实施封关运作以来，海关在岛内全面启用环岛监控与巡查系统。环岛监控与巡查系统，包括环岛的 56 个监控点、112 个探头、4 个分控中心和 1 个总控中心，以及环岛陆路巡查和水上巡查机制等。这些由电子探头、巡逻车辆、巡逻艇组成的电子围网就好像一个隐形的围墙，使海关实现了对平潭岛周界和重点监管场所的有效监管。海关监控系统各个监控点的视频信号，均汇总到设立在"二线"通道的总控中心，关员 24 小时在总控中心值守，确保及时发现异常情况并第一时间通知附近分控中心派人到现场处置。

**四、监管实施方案的设计思路**

瞄准全岛实现分线管理的远景目标，按照"管得住才能放得开"思路，我们研究提出了海南自由贸易港海关监管的建议方案（详见《关于海南自由贸易港海关监管的建议方案》，简称《建议方案》）。

**（一）关于主要目标**

一是深入贯彻落实习近平总书记"4·13"重要讲话精神，落实中发〔2018〕12 号文件要求，对标最高标准，支持海南逐步探索、稳步推进中国特色自由贸易港建设，把海南自由贸易港监管制度的要求具体化。

二是注重体现以制度创新为引领，把制度创新贯穿于海南自由贸易港海关监管过程中。《建议方案》中实施要点第一条，集中阐述了海南自由贸易港的海关监管特区性质和定位。

三是注重高水平开放、高质量发展，瞄准海南自由贸易港建设远景目标，立足贸易自由和投资自由，在全岛实现分线管理，除实施禁限负面清单和不予免税清单管理的货物外，免征关税，自由进出，打造更具国际影响力和竞争力的开放型经济新高地。

四是注重实现双向打通,既适应把海南打造成为我国面向太平洋和印度洋的重要对外开放门户的要求,又满足中央关于加快建设全国统一大市场的要求,在跟国际打通的同时,又和内地打通,不将海南与国内其他市场相区隔。

五是注重体现以人民为中心的发展思想,大力支持海南开展服务贸易创新发展试点,创新离岛免税、离境退税、国际医疗旅游等支持政策,让人民群众切实感受到海关改革的"红利",真正有获得感。以重点领域和关键环节监管为主要内容,持续优化海关监管体制机制,形成符合我国国情和海南发展定位的监管制度体系。

### (二) 关于海关监管特区定位

课题组认为,明确海南自由贸易港的海关监管特区性质和定位,是既大胆探索又脚踏实地的选择。

首先,设立海关监管特区具有突破口作用。目前,海南省在海关监管方面的性质和定位尚不够明确,推进海关监管制度的创新和突破缺乏足够的基础。同时,它既不能是"单独关税区",又由于大量居民和广大农村的存在,不宜简单地归为现有海关特殊监管区域中的一种。所以,如能将海南自由贸易港作为海关监管特区,对其性质和定位加以明确,将能够极大地推进海关监管制度的创新和突破,并且带动其他各方面的探索和突破。海关监管特区,是在我国海关法实施范围内的一种特殊监管制度安排。

其次,设立海关监管特区,可以为分步骤、分阶段建立自由贸易港政策体系提供试验场。一是为海南自由贸易港的海关监管创新提供了试验场,便于在新形势、新要求下,不拘泥于目前海关特殊监管区域、平潭综合实验区和横琴新区、自由贸易试验区的现有做法,重新进行监管制度设计。二是从性质和定位上看,海关监管特区具有较大的包容性和调整空间,便于在内外贸、投融资、财政税务、金融创新、出入境等方面,分步骤、分阶段地探索更加灵活的监管模式,不追求一步到位,而是在实践探索中丰富完善。三是可以为先行先试、压力测试提供试验场保障,一方面可以开风气之先,另一方面又可以考验承受力、耐受力,在压力测试、风险测试的同时,将不确定因素、不可预知影响控制在一定范围内,发挥试验场保障功能。

再次,设立海关监管特区,可以促进打造既对标国际最高水平,又能迅速落地见效的开放平台。一是便于对标国际最高水平,学习借鉴迪拜、新加坡等自由港在通关管理方式、贸易便利化、防范和打击非法贸易等方面的经验和做法。二是在更高层次参与国际经贸合作和竞争。当今数字贸易、跨境电商、知识产权保护、环境保护等议题越来越受重视,CPTPP、USMCA、日欧EPA等均有相当多条款属于上述非传统议题,对新型全球化的塑造势必产生不可低估的影响。通过设立海关监管特区,可以建立区域范围明确、面积足够大的一块"试验田",以更加积极的姿态参与国际标准对接和国际规则博弈。三是探索海关监管新路,提升中国海关在国际舞台上的话语权。在探索建设中国特色自由贸易港进程中,通过设立海关监管特区,大胆探索海关监管新制度、新做法、新经验,可以走出一条新路,为其他海关,尤其是发展中国家海关提供示范引领,进一步增强中国海关的国际话语权。

最后,设立海关监管特区,可以为中国特色自由贸易港的立法工作提供载体。世界主要自由贸易港,均通过法律,对自由贸易港的范围、性质以及海关监管制度等进行明确。2019年3月,十三届全国人大二次会议批准启动海南自由贸易港法立法相关工作,海南自由贸易港法被正式提上国家立法日程。设立海关监管特区,便于明确海南自由贸易港的法律地位、性质、管理体制和运作模式,为中国特色自由贸易港的立法工作提供现实载体。

### (三) 关于海南省切实履行反走私综合治理主体责任

海南省政府应确保反走私治理责任到位、人员到位、措施到位。一是责任到位,落实反走私综合治理的主体责任。除了在岛内进行监督和执法外,还要建立环岛监控和巡查体系,筑牢岸线非设关地反走私防线。二是人员到位,配齐配强力量。如,在对无合法来源证明进口货物的查处上,可以由市场监督管理部门的人员负责查处上述货物的经营行为,但进口烟草专卖品、野生动植物及其制品等货物,由烟草专卖、林业等部门的人员按照各自职责查处,公安人员对查缉到的成品油案件可以直接予以查处。三是措施到位,对走私等非法贸易形成有效的监管和威慑。如清理整治"三无"船舶(无船名船号、无船舶证书、无船籍港的船舶),为船舶安装定位系统,建立并完善涉案物品处理机制,公安、市场监督管理等部门在走私易发的港口、公路等地实施联合执法等。

建议海南出台地方反走私工作条例,借鉴海关"双随机、一公开""一案双查"经验,高压严打走私犯罪,实现风险总体可控。海南省政府要做好反走私综合治理的组织协调工作。地方政府和海关、公安、海警、市场监督管理等力量(其中包括缉私、边防)紧密协作,并充分发动群众,从协调、感知、干预等方面不断优化流程,创新监管模式,高效防控风险,构建"大协同、多锁链、群防群治"的反走私综合治理体系。

在确保环岛岸线天然屏障"管得住"上,建议海南省建立并完善环岛监控体系,组织环岛巡查力量,并充分利用其进出岛信息管理系统、社会管理信息化平台,与国际贸易"单一窗口"等信息平台打通,实现跨境实时感知。地方政府、海关、海警等各方建立融合联动机制,共同筑牢岸线方面的"多锁链"防线。

### (四) 关于分线管理原则

全岛封关运作后,实行"一线放开、二线高效管住"的分线管理。这主要体现在以下三个方面。

一是关税方面。对从"一线"进入海南的货物,除列入不予免税清单的,免征进口关税。这是世界自由贸易港的典型特征,如迪拜、新加坡在关税上,均对大部分进口货物实施零税率或低税率。仅在海南免征关税的货物进入内地,应当按照进口货物的有关规定办理报关手续,并经海关指定的申报通道出岛。

二是检验检疫方面。在"一线"实施进境检疫,适当减少进出口检验。具体来说,在进口上,除食品、化妆品、旧机电、强制性产品认证目录内产品、可用作原料的固体废物、危险化学品及其包装、进入海南后无法分清批次的散装应检物、成套设备外,对进口货物在"一线"免予检验。对于在"一线"免予检验的法定检验货物,在从"二线"进入内地时,按规定实施检验,检验合格后方允许进入内地销售、使用。在出口上,海南企业生产加工货物出口的,除法律、行政法规明确规定的,为履行国际公约、协定必须实施检验的,进口国家(地区)要求提供出口国(地区)证明的,以及进口国家(地区)、贸易合同有约定需要做装船前检验的货物外,在"一线"可免予实施检验。

三是贸易管制方面。建议制定海南货物禁限负面清单时,对进口货物实施适度的"一线放开",这样清单外进口货物在"一线"不实行配额或许可证件管理,在"二线"执行相关贸易管制政策,能促进海南的高水平对外开放。但建议海南货物禁限负面清单基本保留对出口货物的管制,理由如下:一是对于从内地经海南出口的货物,不宜在"二线"实行出口配额或许可证件管理,那样会阻碍海南与内地市场打通,所以要在货物从"一线"离岛出境时执行贸易管制政策;二是对于海南所产货物,也理应遵守国家出口配额和许可证件管理的有关规定。在贸易管制方面这样安排,便于海南充分利用国际国内两个市场、两种资源。

"一线放开"的同时,应加强进境安全管理。对"一线"进境货物实行"两段准入"监管模式。对禁限管制(核生化导爆、毒品等)、重大疫情、高风险商品安全等重大紧急或放行后难以管控的风险,以及法律、行政法规有明确要求的,依法实施"准许入境"监管。对非高风险商品检验、风险可控的检疫等其他风险可依法实施"合格入市"监管。"合格入市"监管可在口岸放行前与"准许入境"监管合并实施。

(五)关于进出岛通道式管理

海关对海南的税收征管类货物的监管重点是针对享受国家优惠政策的货物——减免税货物、保税货物、退税货物,要确保对这些货物监管到位,并力求不干扰岛内居民的正常生活。为此,应按照"人货分离",把海南与内地之间进出的人员(岛内居民、国内外旅客)和货物区分开来,实行相对独立的管理,海关管住该管的对象,实现有效监管、高效运作的监管要求。

海南全岛封关运作后,若在"二线"实行全口径申报,将影响非海关监管货物的正常自由流动,干扰相关正常的市场行为,无形中对海南与内地市场的沟通造成一定障碍,并会增加居民负担,还有可能使"二线"卡口通道堵塞,容易产生负面影响,也不符合海南依托内地大市场发展的现实需求。

所以,在"二线"实行进出岛通道式管理,按"人货分离"分设申报通道和无申报通道。不涉及减免税货物、保税货物或退税货物,且不属于进入内地需要检验的,可以从无申报通道自由进出;但海关保留查验权,以确保能监管到位。这样的通道式管理,不妨碍海南与内地之间的正常人员交流和经济、科技、文化等往来,基本不影响岛内居民生活。为保证通道进出效率以及强化监控管理手段,应注重信息化、自动化系统的应用,加强通道的智能化软硬件设施建设。

### (六) 关于岛内货物按状态分类监管

从制度体系看，我国海关围绕"一线""二线"对口岸货物、保税货物、国内货物已形成相对成熟的管理制度。目前，自由贸易试验区已经实现仓储条件下各类货物的并存，海南自由贸易港可以更进一步，结合岛内货物的不同流向，在保留不同货物状态的同时打通内外贸的局限，构建统一开放大市场。海关对减免税货物、保税货物、退税货物实行电子账册管理，确保货物的进出转存全部有据可查、监管到位。同时，强化事中事后监管，通过企业信用管理和自然人信用管理，以及联合激励和联合惩戒制度，促进守法自律。

需要说明的是，对于保税货物，海南企业销往内地时可以根据实际情况，自主选择是按照原材料或是成品、半成品来缴纳进口关税。这样岛内企业的产品在转向内销时更具吸引力，因为"选择性征收关税"相当于赋予了企业从低缴纳关税的权利。如，企业进口了保税原材料进行加工，成品价格比原料价格要高出许多，如果企业依然可以按照原材料价格计税，则完税价格就低很多；但对于有些产品来说，原料的计税率较高，成品税率可能较低，这类企业就可以选择以成品计税。当然企业在行使选择权之前，必须按照该办法规定，在手册备案时一并向海关提出申请并办理相关手续。

### (七) 关于打造智慧海关

海南省面积大，岛内活动复杂多样，随着贸易量的增长，以及服务贸易等新兴业态的快速发展，依靠传统的监管方式，海关难以有效应对挑战。必须打造智慧海关，通过精准监管、智能监管，来实现对海南自由贸易港的有效监管。打造智慧海关，对《建议方案》的很多监管实施要点具有支撑作用，如分线管理，因为没有"二线"的高效管住，就没有底气进行"一线"的放开，而以精准监管、智能监管突破现有管理方式的瓶颈，是实现"二线高效管住"的重要路径。

一是识别高风险货物，提高监管的精准性。在进行大数据收集的基础上，通过大数据分析、机器学习等技术的应用，建立专家系统，完善风险预测模型，实现系统自动风险判别和预警，使监管资源向高风险货物集中，并实现某些操作流程的自动化，在减少人力的同时，大幅提高监管的精准性和效率。此外，利用数字比对、数据挖掘，可帮助海关查发各种商业瞒骗，强化企业合规管理。

二是通过信息化、自动化、智能化，提高通关效率。持续提升信息系统水平，探索开发先进设备和应用，加快货物通关时间，优化海南口岸营商环境，促进贸易便利化。如，通过"单一窗口"等信息平台向进出口企业、口岸作业场站推送查验通知，增强通关时效的可预期性。加大集装箱空箱检测仪、高清车底探测系统、安全智能锁等设备的应用力度，提高单兵作业设备配备率。基于物流底账、物流链可视化和移动单兵系统，开展人工智能等关键技术攻关，实现物流监控智能预警，利用 H986、CT 式 X 光机等检查设备智能辅助审图。

三是打造一体化智能服务平台，便利岛内企业和居民。在海南自由贸易港实现海关办事服务一号申请、一窗受理、一网通办，并融入全国"互联网+政务服务"体系，坚持线上服务和线下办事融合发展，实现从"人随网走"向"网随人走"的转变。充分发挥中国电子口岸作用，坚持"互联网+海关"与国际贸易"单一窗口"统筹规划、资源复用和融合发展。海关整合和完善现有信息管理系统，对海南自由贸易港的海关监管货物全面实施电子化、智能化管理。

**五、充分发挥"早期收获"的带动作用**

对海南自由贸易港的监管，应结合海关实际，积极主动，分步骤、分阶段进行探索。在 2025 年全岛封关运作前，依托三大功能平台，通过定向施策，积极支持海南自由贸易港先行区开展压力测试，发挥有显示度和影响力的、有实际成效的带动作用，尽快实现早期收获。

**（一）以洋浦为重点，推进海南建设国际陆海贸易新通道航运枢纽**

**1. 推动更高水平的贸易投资自由化和便利化**

洋浦港地理条件优越，是海南最重要的港口之一。这里深水近岸、避风少淤，全年可作业天数在 300 天以上，海岸线长 68 千米，10~24 米深水岸线长达 30 多千米，可建 1 万~30 万吨码头泊位 100 多个。[①] 洋浦港 2019 年货物

---

① 资料来源：洋浦经济开发区官方网站。

吞吐量达 5015 万吨，比 2018 年增长 19.2%，占海南省总计货物吞吐量的 25.3%。①

在洋浦保税港区实施"一线放开、二线高效管住"的货物进出境管理制度，取消不必要的贸易监管、行政许可等，实施更高水平的贸易自由化和便利化政策和制度。对境外抵离物理围网区域的货物，探索实施以安全监管为主、更高水平贸易自由化、便利化的监管政策，这既是海南自由贸易港贸易自由化的具体体现，也是促进内外贸市场一体化发展的有益探索。

### 2. 加快培育具有国际竞争力的核心产业

洋浦在国内的物流版图中处于最末端，但是从腹地的角度来看，它处于东盟地区和大中华地区两大经济体之间，是国际物流版图的中心。一方面，截至 2019 年东盟国家人口约 6.6 亿②，正进入快速工业化阶段，市场空间巨大，是未来一段时期内最具活力的经济增长地区之一。另一方面，大中华地区的产业结构、消费结构和人力资源，与东盟地区存在很大的互补性。洋浦作为离东盟最近的国家级开发区，地理优势明显，产业优势突出，可以作为连接中国与东盟的航运枢纽、物流中心和优势产业合作基地。

洋浦以国际陆海新通道航运枢纽为定位，近年来外贸发展势头强劲。依托洋浦保税港区，大力支持石化产业发展。进一步发挥洋浦保税港区作为国际能源、资源进入中国内地市场的重要中转港的作用。目前，中石化、中石油、中海油三大石油巨头都已在洋浦建有大型油气化工产业项目。千万吨炼油、210 万吨精对苯二甲酸、150 万吨聚对苯二甲酸乙二醇酯等大型石化项目投产；国投孚宝 132 万方商业油气、中石化（香港）205 万方成品油保税库、华信能源 280 万方商业油品等油储备项目建成运营。③

### 3. 带动区域经济发展水平提升

发挥洋浦保税港区吸引投资的作用，加快相关项目落地，进一步增强产业能力，提升经济密度，培育产业新动能。通过扩大开放，支持洋浦经济开发区 2022 年形成新兴工业和现代服务业"双轮驱动"产业发展模式。在新兴工业方面，推动港航物流、大宗商品交易、油气储备加工、海洋油气产业加

---

① 资料来源：《海南统计年鉴 2020》。
② 资料来源：中国外交部官方网站。
③ 《洋浦：一座正在崛起的临港新城》，《人民日报》2019 年 10 月 14 日。

快发展，贸易自由化和对外开放程度显著提高。在现代服务业方面，到2025年，以港航物流、大宗商品交易、国际金融为代表的现代服务业蓬勃发展，海洋油气产业成行成势，贸易自由化水平、对外开放水平及营商环境达到国际一流水平。地区生产总值、工业总产值、集装箱吞吐量高速增长，离岸贸易业务取得重大突破。

**（二）以博鳌乐城国际医疗旅游先行区为重点，探索建设适应现代服务业发展的监管模式**

### 1. 支持海南打造国际医疗旅游目的地

医养健康产业是世界上最大和增长最快的产业之一，行业整体需求刚性，与宏观经济相关度小，属于典型的弱周期性行业。同时，受人口增长、生活水平提高、人口老龄化等动力推动，是朝阳行业。全面落实完善先行区的政策，加大力度高标准推动先行区建设，努力把大健康产业培育成海南的支柱产业。把先行区建成国际一流水平的国际医疗旅游目的地和医疗科技创新平台，也是建设海南国际旅游消费中心的应有之义。

海关将与其他有关部门共同为药品监管改革探路，让患者不出国门就能及时用上国外创新药物，同时把原本去国外就医的患者留下来，并且吸引周边国家的病人前来医疗旅游，使博鳌成为亚洲地区医疗旅游的目的地。

### 2. 聚焦企业期盼，提供更高效便捷服务

根据博鳌乐城国际医疗旅游先行区入驻企业和管委会需求，探索推进更为全面的免税、保税等政策，给境内外患者提供更多方便和实惠。先行区管委会还建议：一是为先行区接受治疗的患者，提供每人每年5万元个人自用免税药品和器械消费额度，此额度内患者可将药品带出先行区使用；或者不设额度，患者接受治疗后需带特许药品出区使用的，医疗机构以跨境电商模式将药品快递至患者长期居住地。此外，允许患者将购买的内陆暂未准进口药物带到其居住地，以方便自己服用。二是除另有规定外，先行区进出口货物不实行进出口配额、许可证件管理。三是先行区内保税存储货物、个人自用物品不设存储和监管期限，且区内企业之间货物可以自由流转。四是打造"保税研究院" + "保税创新加工"，以及"保税医院"新模式，为研发企业、医院设立海关监管账册；打造"保税酒店"，区内酒店进口自用的食品、消费品及设备等免征关税和增值税。五是为在先行区注册行医的境外医生、护士，

提供每人每年 50 万元个人自用物品免税进境额度。六是允许区内企业设立自由贸易账户（FT 账户），进出境货物不办理外汇核销手续，患者与区内医疗机构通用 FT 账户，实现贸易项下人民币和美元自由结算。海关以保税制度为基础，对博鳌乐城国际医疗旅游先行区重点药品、医疗器械等进行监管，积极回应企业诉求。

### 3. 建立全面高效的药品器械风险管理制度

《关于支持建设博鳌乐城国际医疗旅游先行区的实施方案》中明确提出，到 2025 年，要实现医疗技术、装备、药品与国际先进水平"三同步"。药品是特殊商品，关系人民群众的身体健康和生命安全，是重大的基本民生问题。海关将积极探索适合医疗新技术、新产品、新业态、新模式发展的监管方式。强化重点领域监管，针对医疗器械、特殊物品（指生物制品、血液及其制品、人体组织、微生物）、单抗类特殊物品等，建立风险精准监测机制，实现全流程的风险实时监测和动态预警管理。

### （三）完善离岛免税政策，促进国际旅游消费中心建设

海南是继日本冲绳岛、韩国济州岛和中国台湾马祖、金门之后，第四个实施离岛免税购物政策的区域。近年来，海南离岛免税政策不断完善，增强了海南国际旅游岛的吸引力和社会影响力，在推动海南现代服务业升级和地方经济稳定增长等方面发挥了积极的引导效应。2018 年，国人离岛免税购物 278.6 万人次，免税购物金额约 97.5 亿元。2019 年上半年，海南离岛免税购物继续保持快速发展势头，据海关初步统计，上半年三亚、海口、琼海三地离岛免税店销售免税品件数、销售金额、购买旅客人次，与 2018 年同期相比均实现了两位数增长。

中发〔2018〕12 号文件提出将实施更加开放便利的离岛免税购物政策，实现离岛旅客全覆盖，提高免税购物限额。为实现离岛免税政策效应最大化，海关将充分应用"科技+制度+人工"监管模式，提供便捷通关监管服务，有效保障"空、海、铁"离岛方式全覆盖；配合做好免税店开设方案、免税品监管仓库等配套服务工作；依托海南离岛免税海关监管系统，对离岛免税店实行静态监管以及对免税品进、销、存、运、提、征的全过程动态监管；强化事中事后监管，加大店面巡查频次与检查力度，保障商品质量安全和消费者权益。

海关将围绕岛内居民不离岛可按限额购买离岛免税品；允许旅客离岛后可在规定期限内线上购买离岛免税品，并将提离方式拓展至邮寄方式；允许国产优质产品享受入岛退税政策后纳入海南离岛免税购物范围等政策诉求，进行压力测试，持续完善海关现有离岛免税监管办法。

### (四) 定向施策，大力支持旅游业、现代服务业和高新技术产业发展

**1. 对纳入正面清单的重点产业免征关税**

随着全球生产网络不断发展，产品的价值链在不同国家和地区间不断延展细化，最终产品和中间产品在全球价值链中被离岸生产。对海南旅游业、现代服务业和高新技术产业中符合条件的企业所进口的资本品①和中间投入品②，免征关税，并免于配额和许可证件管理，能够有效支撑海南三大产业发展，促进我国企业进一步融入全球生产网络，获得多重收益。

**2. 创新游艇监管制度**

游艇产业是战略性新兴产业，具有服务领域广、产业链条长、带动作用强等特点。中发〔2018〕12号文件将"放宽游艇旅游管制"作为"创新促进国际旅游消费中心建设的体制机制"的重要举措。海南作为我国唯一的热带海岛省份，是国内进出境游艇业务相对集中的地区之一，已形成较为成熟的游艇产业体系。

海关鼓励游艇消费产业发展，通过数字监管，让境外游艇"进得来"；通过智慧监管，让游艇"放得开"；通过动态监管，为游艇"保安全"。一是探索更灵活的游艇担保措施。以"信用管理、风险可控"为原则，从商品风险、监管风险、企业风险等几个维度，建立一套行业适应性与可操作性强的风险评估机制，在此基础上探索专用创新担保制度势在必行。二是深化拓展游艇保税仓功能。在海南试点开展非营利性出仓展览展示、试乘试航业务。将参展范围限定在海口海关辖区范围内，试乘试航范围限定固定海域，仅需备案

---

① 资本品是指生产活动中所使用的人们过去劳动的产物，是"生产生产资料的最终产品"。按照其最终用途可分为两大类：一是直接进入生产部门并能带来资本增值的产品，包括车床、机床、自动数据处理设备等主要用于生产投入活动的各类机器设备；二是投入到研发部门带来人力资本积累和技术进步的各类实验室仪器设备。

② 中间投入品是指继续投入生产过程的初级产品和工业再制品，是经过一些制造或加工过程，但还没有达到最终产品阶段的产品。

审批，免于提供担保，由海关全程监管。三是以差别化管理优化配置监管资源。根据信用评级与风险研判情况，以差别化管理优化配置监管资源，对企业、游艇不同的监管重点制定有针对性的监管措施，对高信用企业减少事中监管干预，对低信用企业重点监管。四是利用科技手段实现精准监管、智能监管。统筹建立游艇综合监管平台，实现单平台整合，完成备案、申报、检查、监管、预警等管理职能。运用海南省大数据平台，强化海关、海事、边检等口岸监管单位的数据共享，实现信息互换、监管互认、执法互助，提升监管的效率和精准度。

### 3. 支持会议、会展和赛事

2009年以来，国家层面出台系列政策，支持海南承办国际会展和赛事，打造国家旅游示范区。以体育赛事为例，《国务院关于推进海南国际旅游岛建设发展的若干意见》（国发〔2009〕44号）中，明确提出要发展海南体育产业，其中就提到了举办国际知名体育赛事对于海南旅游具有独特的价值。中发〔2018〕12号文件中明确提出，"支持在海南建设国家体育训练南方基地和省级体育中心，鼓励发展沙滩运动、水上运动、赛马运动等项目，支持打造国家体育旅游示范区。探索发展竞猜型体育彩票和大型国际赛事即开彩票"。《完善促进消费体制机制实施方案（2018—2020年）》（国办发〔2018〕93号）中明确提出了支持海南打造国家体育旅游示范区，引入一批国际一流赛事具体要求。

海关将全力支持在海南举办各类国际会议、赛事和会展活动，对入境参展商品依法给予税收优惠和通关便利，扶持、促进会展经济发展。对在海南举办的国际性赛事、会议和会展活动中，暂时进境的消耗性物品、卫星传送设备等设立专用通道，实行提前报关和24小时预约通关，加快审批验放速度。对会展和赛事进境物品，可由主办方统一提供税款总担保，完善、创新担保方式，并就省级以上规模会展和赛事予以免担保。

（执笔人：万中心　田仲他　程前）

附录1

### 中国、新加坡、阿联酋"2018年全球非法贸易环境指数"比较

| 项目 | 中国 | 新加坡 | 阿联酋 |
| --- | --- | --- | --- |
| 总排名 | 44 | 25 | 34 |
| 总分数 | 60.9 | 71.1 | 67.8 |
| "政府政策"排名 | 58 | 22 | 35 |
| "政府政策"分数 | 53.9 | 75.9 | 70.3 |
| "供给和需求"排名 | 49 | 2 | 3 |
| "供给和需求"分数 | 46.1 | 89.9 | 82.0 |
| "透明度和贸易"排名 | 19 | 57 | 58 |
| "透明度和贸易"分数 | 68.1 | 45.6 | 43.7 |
| "海关环境"排名 | 44 | 56 | 52 |
| "海关环境"分数 | 76.7 | 69.8 | 72.0 |

资料来源：表中数据来自《经济学人智库》2018年6月发布的"2018年全球非法贸易环境指数"报告。

注：该指数衡量各经济体防范和打击非法贸易的能力，根据各经济体在四个主要领域中的表现编制。本次评估包括84个国家（地区）。

附录2

### 中国、阿联酋、新加坡平均关税税率比较

单位：%

| 产品 | 平均关税税率种类 | 中国 | 阿联酋 | 新加坡 |
| --- | --- | --- | --- | --- |
| 所有产品 | 最惠国税率简单平均（2019年） | 7.6 | 4.8 | 0.0 |
| | 贸易加权平均（2018年） | 4.4 | 4.3 | 0.0 |
| 农产品 | 最惠国税率简单平均（2019年） | 13.9 | 6.2 | 0.1 |
| | 贸易加权平均（2018年） | 12.5 | 18.7 | 0.9 |

续表

| 产品 | 平均关税税率种类 | 中国 | 阿联酋 | 新加坡 |
|---|---|---|---|---|
| 非农产品 | 最惠国税率简单平均（2019 年） | 6.5 | 4.6 | 0.0 |
| | 贸易加权平均（2018 年） | 3.9 | 3.2 | 0.0 |

资料来源：世界贸易组织《世界关税概览 2020》（World Tariff Profiles 2020）。

注：最惠国税率简单平均（simple average MFN applied），是将最惠国税率进行简单平均。贸易加权平均（trade weighted average），是将最惠国税率按照各 HS 编码六位子目的贸易量进行加权平均。本表中，0 表示等于 0（不是约数），0.0 表示约等于 0（大于 0 且小于 0.05）。

附录3

## 新加坡、阿联酋、中国分商品关税税率比较

单位：%

| 产品组 | 最惠国税率简单平均 | | |
|---|---|---|---|
| | 新加坡 | 阿联酋 | 中国 |
| 动物产品 | 13.3 | 2.8 | 0.0 |
| 乳制品 | 12.3 | 5.0 | 0.0 |
| 水果、蔬菜及植物 | 12.2 | 3.3 | 0.0 |
| 咖啡及茶 | 12.3 | 3.1 | 0.0 |
| 谷物及其制品 | 19.5 | 3.2 | 0.0 |
| 含油种子、脂肪及油脂 | 10.9 | 4.8 | 0.0 |
| 糖及糖食 | 28.7 | 3.5 | 0.0 |
| 饮料及烟草 | 18.2 | 54.2 | 1.6 |
| 棉花 | 22.0 | 5.0 | 0.0 |
| 其他农产品 | 11.8 | 4.4 | 0.0 |
| 鱼及鱼制品 | 7.2 | 3.6 | 0.0 |
| 矿产品及金属 | 6.3 | 4.9 | 0.0 |
| 石油 | 5.3 | 5.0 | 0.0 |
| 化工品 | 6.0 | 4.4 | 0.0 |

续表

| 产品组 | 最惠国税率简单平均 | | |
| --- | --- | --- | --- |
| | 新加坡 | 阿联酋 | 中国 |
| 木材、纸品等 | 3.2 | 4.8 | 0.0 |
| 纺织品 | 7.0 | 5.0 | 0.0 |
| 服装 | 6.8 | 5.0 | 0.0 |
| 皮革、鞋类及其他 | 10.6 | 5.0 | 0.0 |
| 非电气设备 | 6.8 | 4.5 | 0.0 |
| 电气设备 | 6.0 | 3.6 | 0.0 |
| 运输设备 | 9.6 | 4.1 | 0.0 |
| 其他工业品 | 7.1 | 4.6 | 0.0 |

资料来源：世界贸易组织《世界关税概览2020》（World Tariff Profiles 2020）。

注：本表中，0表示等于0（不是约数），0.0表示约等于0（大于0且小于0.05）。

# 分报告六
## 新加坡自由港如何实现有效监管

新加坡作为国际贸易枢纽和金融中心所具备的开放性，使其面临更大的非法贸易风险，如逃税、侵犯知识产权、走私野生动植物、洗钱和恐怖主义融资、违反联合国安全理事会（简称联合国安理会）制裁等。新加坡在防范和打击非法贸易上做了很多工作，取得了较好的成绩。在《经济学人智库》发布的"2018年全球非法贸易环境指数"中，新加坡在被评估的84个经济体中排名第25位（参见附录1："2018年全球非法贸易环境指数"中的新加坡排名）。

新加坡制定了完善的法律法规，且执行有力；采取协同治理的方法，构建多层次的监管体系，来维护贸易安全；在进出境监管、稽查、缉私等环节，都建立了有效的监管力量。研究新加坡自由港如何实现有效监管，吸收其有益经验，有助于研究设计海南自由贸易港监管方案。

### 一、健全法律法规体系并有力执行，为有效监管提供良好的法治环境

新加坡是一个典型的法治国家，立法完备，执法严明，司法独立，并且全社会崇尚法治、信仰法治。这使得进出口商和出入境旅客具有良好的守法意识，违法行为能够切实地得到应有的惩处，为实现有效监管提供了很好的氛围。

#### （一）法律法规完善

新加坡围绕货物和物品进出境制定了一套较完善的法律法规体系，主要包括《海关法》《货物和劳务税法》《自由贸易园区法》《进出口管理法》

《战略物品管制法》①《禁止化学武器法》② 等（参见附录2：新加坡进出口所涉及的主要法律法规），并出台了相应的实施细则。

进口货物时，若先进口到自由贸易园区（Free Trade Zone，FTZ），则不需要缴纳关税、消费税和货劳税。若从口岸或自由贸易园区直接进口到国内市场，则需要缴纳关税、消费税和货劳税，但属于暂准进口计划或新加坡国内税务局相关计划下的货物，以及其他获得关税、消费税、货劳税减免的货物除外。若从口岸或自由贸易园区将货物移至海关特许经营场所，如零货劳税仓库、特许仓库等，则暂免相关税收。对于入境旅客，给予一定的免税优惠及货劳税减免③，超过限额的物品需要缴税。

前文提到的海关特许经营场所，主要包括零货劳税仓库（ZGS warehouse）和特许仓库（licensed warehouse）。前者，海关允许批准的公司无限期地存放进口的免税货物，暂免征收货劳税；后者，海关允许批准的公司无限期地存放进口的应税货物，暂免征收关税、消费税和货劳税。当这些货物从以上仓库移出供本地使用或消费时，须缴纳之前暂免的税款；当这些货物被移出作出口，或者在仓库中被销售时，无须缴纳之前暂免的税款。若要在以上仓库将装有未完税货物（带海关红色标记）的集装箱开箱，应在开箱前的1个工作日，将申请以电子方式提交到海关的企业合规处。海关会相应收取开箱、调查、销毁的监督费用。

---

① 战略物品（strategic goods）是指可用于生产大规模杀伤性武器的物品及其相关技术，以及能够运载此类武器的导弹。这不仅包括武器和军事装备，也包括可用于发展大规模杀伤性武器的商业物品（commercial items）。

② 本法是新加坡一项旨在实施1993年在巴黎缔结的《关于禁止发展、生产、储存和使用化学武器及销毁此种武器的公约》（即《禁止化学武器公约》）的法案。

③ 免税优惠是针对关税和消费税而言的。主要是指，年满18周岁，在抵达新加坡前已在新加坡境外逗留48小时或以上，且不是从马来西亚入境的旅客，可以在额度内携带供个人消费的酒类免税进境（所携带的酒不能是被禁止进口到新加坡的酒类），在新加坡境外购买的酒类产品及在新加坡免税购物店购买的酒类产品，均可享受免税优惠。货劳税减免主要是指，入境旅客携带在境外购买的新物品、纪念品、礼品和食品供个人使用或消费，可以视该旅客在新加坡境外逗留的时间不同，享受不同额度的货劳税豁免，超过限额的部分需支付货劳税（境外逗留时间达到或超过48小时，免税额度为500新元；逗留时间在48小时以内，免税额度为100新元）。香烟及烟草制品，以及通过集装箱运输的汽油及柴油产品，不享有免税优惠，也不享有货劳税豁免。

## 海南自由贸易港海关监管研究

截至 2019 年 9 月，根据新加坡《自由贸易园区法》的附属通告①，新加坡目前一共有 9 个自由贸易园区（FTZ）（见表 1），归 3 个管理当局运营。自由贸易园区均以围篱或围墙加以封闭。除事先得到海关的书面许可外，区内建筑距园区边界不得少于 6 米。货物在园区内被消费，或从园区移入关境供本地消费时，需缴纳相关税款。除经自由贸易园区管理当局许可外，任何人不得进出园区。自由贸易园区内的零售贸易，应经管理当局书面授权，且受管理当局监管约束。海关为防止未经授权人士或货物进出园区而发出的指示，园区管理当局均应当遵守（参见附录 3：对自由贸易园区的其他主要规定）。

表 1　新加坡自由贸易园区

| 英文名称 | 中文名称 | 管理当局 | 类型 |
| --- | --- | --- | --- |
| Tanjong Pagar Terminal and Keppel Terminal | 丹戎巴葛和吉宝码头 | 国际港务集团（PSA） | 海运 |
| Jurong Port（including Pulau Damar Laut） | 裕廊港（包括达玛尔劳特岛） | 裕廊海港有限公司（Jurong Port Pte. Ltd.） | 海运 |
| Sembawang Wharves | 三巴旺码头 | 国际港务集团（PSA） | 海运 |
| Changi Airport Cargo Terminal Complex | 樟宜机场航空货运中心 | 樟宜机场集团（CAG） | 空运 |
| Brani Terminal | 布拉尼码头 | 国际港务集团（PSA） | 海运 |
| Keppel Distripark | 吉宝物流园 | 国际港务集团（PSA） | 海运 |
| Keppel Distripark Linkbridge | 吉宝物流园连桥 | 国际港务集团（PSA） | 海运 |
| Pasir Panjang Terminal | 帕西班让码头 | 国际港务集团（PSA） | 海运 |
| Airport Logistics Park of Singapore | 新加坡机场物流园 | 樟宜机场集团（CAG） | 空运 |

资料来源：根据新加坡《自由贸易园区（宣布园区区域）通告》整理而成。

---

① 资料来源：新加坡《自由贸易园区（宣布园区区域）通告》，*Free Trade Zones (Declared Areas) Notification*。

根据新加坡《进出口管理法》《战略物品管制法》《禁止化学武器法》等，新加坡列明了禁止进出口货物清单，禁止进口手枪、爆竹、犀牛角、濒危野生动物、淫秽刊物和光盘等，禁止出口犀牛角、濒危野生动物等。同时，基于社会治安、公民健康、履行国际公约义务、知识产权保护等原因，对少数进出境货物进行管制。这些货物的进口、出口或转口须得到主管机构的批准（参见附录4：新加坡禁止进口商品、新加坡禁止出口商品、新加坡限制进口商品、新加坡限制出口商品）。

**（二）处罚和执法严格**

新加坡对违反上述法律规定的组织和个人，实施严厉惩处。例如根据新加坡《海关法》，犯有欺诈性逃税，在身上或行李内藏匿应税物品或禁运物品，进口未清关货物[①]或禁运货物，出口未清关货物或禁运货物，运送、装载、装卸未清关货物或禁运货物，非法将货物和物品移出海关管制范围等违法行为或事项，将面临罚款、监禁等处罚，罚则严密（参见附录5：新加坡《海关法》中的部分罚则）。如，作出和签署不真实、不正确或不完整的声明、证明书及文件，伪造文件，未申报，或未出示贸易文件的，将处以1万新元[②]或相当于应付税款的罚款（取较高者为准），或者处以不超过12个月的监禁，或者罚款与监禁并罚。并且，对涉及烟草制品的违法行为，《海关法》据所涉案烟草制品的重量是否超过2千克以及行为人是否有犯前科，区分出四种情况并详细规定了每种情况下的处罚规则，还规定了无法确定所逃税款时的罚则。

海关、货物管制主管机构等严格执法，确保法律法规得到遵守。以食品主管机构为例，根据新加坡食品局的年报，2018年在肉制品和海鲜制品领域，开出了14次罚单、作出了31次警告；蔬菜水果领域，开出了11次罚单、作出了8次警告；食品加工领域，开出了15次罚单、作出了385次警告。

**二、加强协同治理，维护贸易安全**

为实现有效监管，新加坡政府各部门在分工明确的基础上，加强协作，

---

① 未清关货物，按照新加坡法律规定，是指违反新加坡《海关法》中某条或某几条规定的货物。

② 按2018年平均汇率，1新元兑换4.9014人民币。

较好地践行了协同治理的理念。这些机构主要包括海关、移民与关卡局、警察部队、食品局、资讯通信媒体发展局、中央肃毒局等各管制货物主管机构（见表2）。

表2 新加坡在非法贸易六大执法领域的主要相关机构

| 执法领域 | 主要相关机构 | 备注 |
| --- | --- | --- |
| 文物艺术品 | 海关，移民与关卡局，警察部队，反洗钱和恐怖主义融资指导委员会（成员包括内政部、财政部和金融管理局的领导）等 | 非法贩运文物艺术品是恐怖主义融资的手段之一 |
| 毒品 | 海关，移民与关卡局，警察部队，中央肃毒局等 | 种植、制造、分销和销售受禁毒法律管制的物质 |
| 环境保护 | 海关，移民与关卡局，警察部队，国家环境局，国家公园局等 | 如濒危物种、危险有毒废物、消耗臭氧层物质、受保护木材 |
| 知识产权，民众健康和安全 | 海关，移民与关卡局，警察部队，卫生科学局，食品局，资讯通信媒体发展局等 | 如药物、食物、玩具、不符合标准的电器组件和零件等物品 |
| 税收 | 海关，移民与关卡局，警察部队，卫生科学局等 | 如烟草、酒类、机动车、石油及生物柴油 |
| 安全 | 海关，移民与关卡局，警察部队，民防部队等 | 如大规模杀伤性武器、爆炸物、某些军民两用物品 |

资料来源：根据新加坡海关官网信息，结合世界海关组织《2017年非法贸易报告》整理而成。六大执法领域即是按照《2017年非法贸易报告》中的方法划分。

新加坡海关是防范和打击非法贸易的主要部门，在贸易便利化和安全等方面发挥着重要作用。新加坡海关在全关境内也拥有一定的执法权力，包括搜查、扣押、逮捕、设置道路障碍等。例如，根据新加坡《海关法》第101

条，任何不低于助理局长职级的海关高级人员①，在得到信息并进行必要调查之后，有合理理由相信某住宅、商店、其他建筑或地方，藏有或存放有应税货物和物品或未清关货物和物品、依《海关法》应被没收的货物和物品、违反《海关法》的货物和物品、与上述货物和物品交易相关的账簿、记录、文件或其他物品的，可发出搜查令授权任何海关官员进入该地，搜查和扣押这些货物和物品，并逮捕管有或有充足理由怀疑藏有以上货物和物品的任何人。根据新加坡《海关法》第 103 条，若海关高级官员有合理根据相信，如果因要获得搜查令而造成延迟，以上货物或物品可能会被移走，那么该海关官员可以在该地如同拥有搜查令那样，行使第 101 条提到的所有权力。根据新加坡《海关法》第 107 条，海关高级人员为防止走私应税货物和物品或为侦查逃税行为，如果认为有必要，可以在任何公众道路上或任何公众地点竖立或放置障碍。

移民与关卡局在新加坡所有口岸检查站（checkpoint），处理进出境人员、行李、车辆与货物的通关和检查，2018 年其在口岸查发了 10.78 万件违禁品②。

在防范和打击非法贸易上，新加坡海关同移民与关卡局、警察部队等执法机构合作密切。如，海关的检查站部门，在主要的检查站提供必要的海关服务，并与移民与关卡局紧密配合，维护贸易安全。再如，2018 年，新加坡海关与新加坡警察部队开展联合行动，查获了若干起侵犯知识产权的案件，涉及假冒服装、箱包、手表等。③

除了新加坡海关、移民与关卡局、警察部队等，管制货物的主管机构也发挥着重大作用，负责相应的进出口前审批和货物的检验检疫工作。这些主管机构包括食品局，资讯通信媒体发展局，民防部队，中央肃毒局，企业发展局，建设局，国家环境局的污染控制司、辐射防护与核科学司，以及卫生部的卫生科学局、生物安全处等，另外新加坡海关、警察部队（公安许可和

---

① 海关高级人员包括局长、副局长、助理局长，根据本法第 4 条第（4）款被财政部长任命的其他海关高级官员，根据本法第 5 条第（3）款被局长赋予海关高级人员权力的任何海关官员，以及根据第 7（a）条拥有海关高级人员权力的任何警务人员（即不低于"sergeant"衔级的警务人员）。
② 资料来源：新加坡移民与关卡局 2018 年年报。
③ 资料来源：新加坡海关杂志《inSYNC》第 52 期。

监管司）也是某些管制货物的主管机构。

## 三、建强设施并完善流程，在口岸进行有效监管

### （一）口岸检查站数量足且设施先进

截至2019年9月，新加坡共有口岸检查站27个，其中空运检查站5个，陆运检查站3个，海运检查站19个（见表3）。新加坡注重检查站的设施建设和科技应用。自2016年4月以来，新加坡逐步引入了"BioScreen"来获得所有到达和离开检查站的游客的指纹。为进一步提高生物识别能力，于2018年7月开始在丹那美拉码头、兀兰检查站、大士检查站试用虹膜扫描和人脸识别技术。通过试验，评估如何在检查站引入由指纹、虹膜和人脸识别技术组成的多模式生物识别系统（该系统被称为BioScreen-MMBS）。

2018年7月，新加坡还在大士检查站安装了巴士扫描仪，能够更灵敏地对所有巴士进行安全检查。移民与关卡局会进行人员培训，帮助他们使用设备和技术，如X射线图像分析和分析驱动的意义建构①。新加坡对公众提供兀兰检查站和大士检查站交通摄像头的实时视频，供他们了解路况。

表3 新加坡的口岸检查站

| 类型 | 中文名称 | 英文名称 |
| --- | --- | --- |
| 空运检查站（5个） | 樟宜机场检查站 | Changi Airport |
| | 樟宜空运中心检查站 | Changi Airfreight Centre |
| | 新加坡机场物流园检查站 | Airport Logistics Park of Singapore |
| | 包裹邮件检查站 | Parcel Post Section |
| | 实里达机场检查站 | Seletar Airport |
| 陆运检查站（3个） | 大士检查站 | Tuas Checkpoint |
| | 兀兰检查站 | Woodlands Checkpoint |
| | 兀兰火车检查站 | Woodlands Train Checkpoint |

---

① 意义构建（sense-making）理论形成于20世纪60年代，该理论的核心内容是信息不连续性、人的主体性以及情境对信息渠道和信息内容选择的影响。

续表

| 类型 | 中文名称 | 英文名称 |
|---|---|---|
| 海运检查站（19个） | 布拉尼2号检查站 | Brani Gate 2 |
| | 樟宜码头检查站 | Changi Ferry Terminal |
| | 樟宜角码头检查站 | Changi Point Ferry Terminal |
| | 裕廊渔港检查站 | Jurong Fishery Port |
| | 裕廊港主检查站 | Jurong Port Main Gate |
| | 裕廊扫描检查站 | Jurong Scanning Station |
| | 裕廊西检查站 | Jurong West Gate |
| | 吉宝物流园检查站 | Keppel Distripark |
| | 新加坡滨海邮轮中心检查站 | Marina Bay Cruise Centre Singapore |
| | 滨海南码头检查站 | Marina South Pier |
| | 帕西班让扫描检查站 | Pasir Panjang Scanning Station |
| | 帕西班让码头3号检查站 | Pasir Panjang Terminal Gate 3 |
| | 帕西班让码头4号检查站 | Pasir Panjang Terminal Gate 4 |
| | 港口指挥总部检查站 | Ports Command HQ |
| | 三巴旺码头检查站 | Sembawang Gate |
| | 新加坡邮轮中心检查站 | Singapore Cruise Centre |
| | 丹那美拉码头检查站 | Tanah Merah Ferry Terminal |
| | 丹戎巴葛扫描检查站 | Tanjong Pagar Scanning Station |
| | 西海岸码头检查站 | West Coast Pier |

资料来源：新加坡移民与关卡局官网。

## （二）货物和行李物品进出境流程完善

### 1. 货物进出境流程

新加坡通过"单一窗口"——贸易网（TradeNet）将所有国际贸易主管机构相互连接，实现信息共享，与对外贸易有关的全部手续均通过TradeNet进行①（见图1）。

---

① TradeNet 和后来升级的 TradeXchange 的功能，已成功迁移至 NTP（互联贸易平台）。

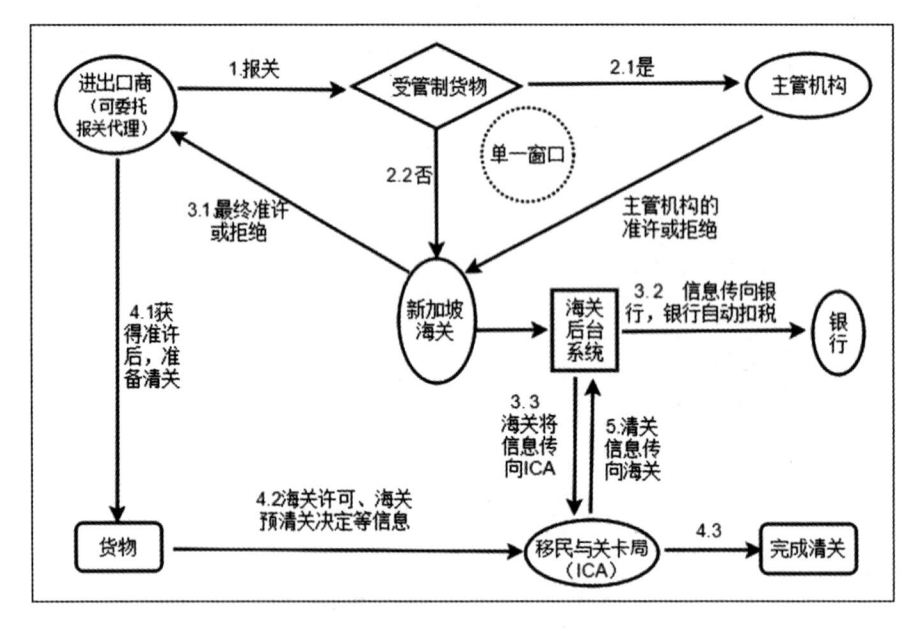

**图 1　新加坡货物进出境流程**

资料来源：新加坡向亚太经合组织提交的文件 Singapore TradeNet—Facilitating Trade Through a Tingle Electronic Window。

（1）海关许可和管制货物的主管机构准许

除特别规定外，货物进出境均须报关获得海关许可①，其中出口钢筋、通过海运出口散装石油和化学品的，可以在出口之后再向海关提交许可申请。许可申请只能通过 TradeNet 提交，新加坡海关能够在 10 分钟内处理 99% 的报关。进出口商应事先检查拟进出口的货物是否受管制或被禁运，禁运货物不得进/出口，管制货物在进出境前必须取得主管机构签发的许可证或其他形式

---

① 海关许可有一个有效期，应确保货物清关时所出示的海关许可是有效的。某些情况下不需要海关许可，以进口为例：A. 任何抵达新加坡的人，随身携带或在行李中携带致醉的酒不超过 10 升、烟草不超过 0.4 千克的。B. 任何抵达新加坡的人，供个人使用，随身携带或在行李中携带投资性贵金属不超过 0.5 千克的。C. 汽车供油箱或飞机燃料供油箱中的用于推进的石油。D. 汽车备用油箱中石油含量不超过 10 升的。E. 通过邮寄进口的非管制货物（包括投资性贵金属）。F. 真实交易的贸易货样、用于分析或测试的样本以及礼物（不包括致醉的酒和烟草），且总价值不超过 400 新元。G. 用于娱乐、休闲、体育或其他类似活动的自推进船（例如帆船）。H. 用于国际货物运输的货运集装箱。I. 其他不需要海关许可的情况。

的准许。

尚未注册海关账号的进出口商,须在会计与企业管理局或机构识别码发放机关注册,获取机构识别码,并在 TradeNet 上激活海关账号,然后方可申请报关代理账号来自行报关。进出口商也可以委托其他报关代理来为本单位报关。报关单位[①]将信息一次性录入 TradeNet,系统自动对货物进行判别,不属于管制货物的,数据直接流向海关;属于管制货物的,数据自动流向相应主管机构,相关法定机构对其实施检验检疫,必要时开展实验室检测,然后决定是否予以批准。

(2) 进口商缴付税款以及必要时提供担保

对于进口货物而言,进口商获得海关许可后,须通过银行的 IBG 服务(银行间直接转账)向海关缴付税款。因此在报关前,进口商或其报关代理的银行账户中必须有足够的资金。如果进口商没有使用 IBG 作为支付方式,或者付款金额超过进口商或其报关代理的 IBG 账户限额,那么必须在指定银行向海关缴纳应付税款,才可以将货物移出海关监管区。有些情况下海关会要求进口商或其报关代理提供担保,如暂准进口货物、涉及不属于暂准进口的应税货物移动等,担保金额视货物流向及货物本身的类型而定,一般为应税款的 10%、30%、50% 或 100% 不等。新加坡海关可能动用进口商或其报关代理的担保,来收缴应付税款。

(3) 对进出口货物清关的要求

进口方面,对于集装箱货物:通过空运或陆运进口的,进口商需要出示海关许可打印件,以及发票、装箱单、提单/空运单等证明文件;通过海运进口的,无须出示海关许可或证明文件。对散杂货:进口商应将货物、海关许可打印件,以及发票、装箱单、提单/空运单等证明文件,出示给口岸检查站人员检查核对。海关可在货物放行前对任何包裹或集装箱做出标记,被标记货物的拆装或开箱,应在海关监督下进行[②]。

出口方面,对于集装箱货物、散杂货的要求是一致的,即:如属于应税

---

[①] 报关单位,是指进口商、出口商、船务代理、货运代理、公共承运人、以其全名经营进出口业务的个人等。检查时,可以查看新加坡海关官网提供的清单,以及使用货物描述、HS 编码或 CA 产品代码(即主管部门产品代码)进行搜索。

[②] 货物的本地货运代理、申报代理或进口商,应在拟拆装或开箱的至少 1 个工作日前,以电子方式告知海关。海关会收取监督的费用。

货物或管制货物,或者海关许可条件中要求出示的,出口商应将货物、海关许可,以及发票、装箱单、提单/空运单等证明文件,出示给口岸检查站人员检查核对。

**2. 行李物品进出境监管**

(1) 出境旅客携带的物品

如果旅客在樟宜国际机场或实里达机场从参与游客退税计划的零售商处购买了商品,那么在出境时可以申请退还已缴货劳税。该退税计划由新加坡海关代表新加坡国内税务局管理,但所有现金或非现金退款均由环球免税有限公司处理。在退税申请中虚假填报的,或者在退款申请获批后,将商品带离出发机场大厅或将商品转交他人的,处以罚款,情节严重的甚至可能会被监禁。

(2) 入境旅客携带的物品

在旅客行李物品验放上,新加坡海关采用红绿通道通关制度。旅客入境时如携带任何关税、消费税应税物品,应缴其他税款的物品,受管制或被禁运的物品,须在入境检查前在红色通道向检查人员申报,并经海关检查后方可放行。与之相对,绿色通道为无申报通道。

新加坡为入境旅客提供一定税收优惠及货劳税减免,旅客有责任准确且完整地申报所有超过免税额度及货劳税免征额度的物品。没有在红色通道申报的旅客,可能会被罚款或起诉。

旅客可通过以下两种方式支付税款:通过所有主要信用卡、移动钱包、新加坡交通卡、现金卡在新加坡海关税务办事处支付,或者通过维萨卡、万事达卡在新加坡海关移动 App 或网页端上支付。

### 四、强化海关稽查和企业信用管理,促进企业合规自律

**(一) 海关稽查**

新加坡海关认为,稽查是对进出口商及其报关代理的相关商务系统和程序、财务和非财务记录、实物库存和其他资产的一种结构化检查,是衡量和

改进合规的一种手段①。稽查是在货物从海关监管区域放行后进行的，它可以在被稽查者所在场所进行，也可以在海关监管场所进行；可以针对具体交易，也可以涵盖一段时间内已发生的进出口。通过稽查进一步核实向海关提交的报关信息和其他信息的准确性、真实性。

稽查使海关能够从严格基于交易的控制②，转向更强大的基于审计的管理。海关按照风险管理框架，筛选要进行稽查的进出口商和报关代理。新加坡海关要求进出口商及其报关代理，必须自获海关许可之日起，将与货物的购买、进口、销售或出口有关的文件和记录保存至少 5 年。这些文件和记录包括：商业发票、账簿、提单或空运单、装箱单、原产地证书、检验证书（certificate of analysis）、保险证书（certificate of insurance）、关于进口商、出口商或其代理人购买、进口、销售或出口货物的交易条件的任何文件或记录，其他有关文件或记录。进出口商及其报关代理可以存储这些文件的图像而不必保留原始文件。如海关有要求，进出口商及其报关代理需要提交相关文件和记录。

在新加坡，稽查一般涉及四个步骤。一是海关稽查组与被稽查企业联系，通知被稽查企业本次稽查的目的、地点、范围和要求，并安排与被稽查企业相关人员的面谈。二是在面谈期间，稽查组将了解更多关于被稽查企业业务模式、运营、系统和会计实务的信息，并鼓励被稽查企业借此机会向海关咨询任何有关法律法规和程序的问题。三是在面谈后，稽查组将根据被稽查企业提供的有关文件和记录，核实其向海关提交的报关信息和其他信息的准确性。四是稽查完成后，稽查组通知被稽查企业结果，并在出现违规行为时，进行讨论并提出建议，以提高被稽查企业的合规水平。

被稽查企业必须向海关提供合理的协助，包括及时提交文件，并确保所提供资料的完整性、真实性、准确性。根据稽查范围和被稽查企业的合作程度，视具体情况确定的稽查期限将有所不同。新加坡海关官网还提供海关合规工具包，供企业开展自我评估。海关引导和鼓励企业加强自我管理和自我检查，主动披露。

---

① 在《经修订的京都公约》中，稽查被定义为海关通过审查相关人员保有的有关账簿、记录、业务系统和商业数据，来确保报关信息的准确性和真实性。

② 基于交易的控制，是指对每批货物实施控制，例如物理检查、价值核查、原产地分类、抽样、证书核查、牌照及许可核查等。

## （二）企业信用管理

新加坡海关的企业信用管理，主要通过 TradeFIRST 进行，该系统提供了一个单一的贸易便利化窗口，基于对企业风险的评估，统一决定授予该企业哪些便利项目，评估主要针对企业概况、程序和流程、安全、库存管理、各便利项目的其他特定要求、遵从性（合规记录）。海关采用风险管理的方法，将便利程度分为基本、标准、中间、加强及高级五个等级，每个等级对应一系列不同的便利项目。企业的 TradeFIRST 等级越高，便利就越大。该评估是免费的，对所有希望申请海关便利项目的企业强制性实施。根据所授予的等级，企业应接受重新审查和续期，高级和加强等级一般3年审查一次，中间和标准等级一般2年审查一次。

### 五、实施严格的出入境检验检疫，保障人民健康

新加坡对绝大部分进出口货物不实施检验检疫，主管机构主要对涉及安全、卫生、健康、环境和侵权的管制货物进行检验检疫。

新加坡对管制货物的检验检疫进行了明确的规定。管制货物进口到新加坡前，必须持出口国官方证明并向相关主管机构提交申请并获得批准。如食品，要求提供出口国官方检疫或卫生证书，对于肉类或鱼类等货物要求源头基地备案和企业注册。在进境水果蔬菜上，对农药残留有明确规定，在果菜病虫害方面，需要植物检疫证书，没有规定具体的病虫害种类，进口商在进口审查时，检疫部门将视不同国家的情况，让进口商在销售合约上订明检疫要求。新加坡对进口水果蔬菜检疫，一般不登轮检疫，允许卸货后在指定地点检疫，检疫后方可在国内果菜市场销售。果菜市场有流动检疫人员进行24小时流动检疫，随时可对有关商品进行抽检。法规规定市场上出售的果菜包装均需标明生产国家、地点、厂商名称和生产日期。

新加坡采取实验室检验检测的办法。对每批进口肉类进行外观检验，有监控计划的商品（实验室检验检测总体比例很低），需采样送实验室分析，在外观检查和实验室检测完成之前，不予境内流通。如发现蔬果有农药残毒或携带有害生物，则抽取样品送验，化验机构出具的结果报告作为确定该批货物是否合格的依据。若发现携带有毒物质、有害昆虫，则采取退回、除害处理、销毁或再出口。进口的其他植物或植物繁殖材料，一律要进行检疫试种

观察，确认合格后方准进境。

新加坡实验室一般为政府指定的第三方检测机构或符合新加坡实验室认可计划（SAC-SINGLAS）的认可实验室。如新加坡政府指定中国实验室国家认可委员会（CNAL）认可实验室作为其进口中成药强制性检测机构。通过采信第三方，主管机构的职能从商品质量检验转向商品质量验证，从商品监管向检测机构监管方向转变，实现现场检验检疫机构与检测技术机构各负其责、相互配合、相互制约，有效提升贸易便利化水平，加快检验检疫放行速度。

新加坡严防漏检，对其处罚严厉。进出口货物如果违反新加坡《进出口管理法》不实报关，首次查处的，处以10万新元以下或3倍货值罚款，情节严重的处以2年以下监禁或并处罚款；屡次违反的，处以20万新元或4倍货值罚款，情节严重的，处以3年以下监禁或并处罚款。如果进口商没有将进口货物送检，要被执行强制的措施。申请人恶意更改其计算机数据（如公司财务数据等），视情况被处以1万新元以下或2年以下监禁或并处。

（执笔人：万中心　田仲他　程前）

附录 1

## "2018 年全球非法贸易环境指数"中的新加坡排名

| 项目 | 说明 | 新加坡排名 |
|---|---|---|
| 总指数 | 衡量各经济体防范和打击非法贸易的能力 | 25 |
| 政府政策 | 衡量各经济体监测和防止非法贸易的政策、法律,以及方法的有效性,包括该经济体在缔结打击非法贸易的公约(14 项),遵守金融行动特别工作组(FATF)的反洗钱规定,对知识产权保护的立场,处理贪腐问题的方法,执法技巧,机构间合作,以及网络安全防范这几个方面的程度和水平 | 22 |
| 供给和需求 | 衡量各经济体阻止非法贸易商品供求的国内环境,包括企业税收和社会保障负担的水平,国家机构的质量,劳动力市场监管等 | 2 |
| 透明度和贸易 | 衡量各经济体在非法贸易方面的透明度,以及对自由贸易园区和转运活动的治理程度。具体包括货物追踪的质量,是否通过《经修订的京都公约》专项附约四,自由贸易园区的监视监督范围,以及报告打击非法贸易的情况和信息分享程度 | 57 |
| 海关环境 | 衡量各经济体的海关如何有效地平衡其促进合法贸易和防止非法贸易的双重任务,包括实际货物查验率、清关和查验时间,边境程序自动化的程度,是否实行 AEO 制度,以及是否有知识产权海关备案系统 | 56 |

资料来源:数据来自《经济学人智库》2018 年 6 月发布的"2018 年全球非法贸易环境指数"(The Global Illicit Trade Environment Index)报告。

注:表中涉及的《经修订的京都公约》专项附约四,主要内容是海关仓库和自由区的海关程序标准化。

**附录 2**

## 新加坡进出口所涉及的主要法律法规

| 主要法律 | 与主要法律相关的法规、通告等 |
| --- | --- |
| 海关法 | 海关条例 |
| | 海关（关税）（豁免）令 |
| | 2019 年海关（油箱—最低限量）令 |
| | 海关（货物移出许可）令 |
| | 2011 年海关（授权码头及地点）条例 |
| | 2018 年海关（犯罪行为构成）条例 |
| | 海关（集装箱）条例 |
| | 海关（海关机场）条例 |
| | 海关（关税和消费税）令 |
| | 海关（油箱—规定地点）条例 |
| | 海关（国内酿酒）（豁免）令 |
| | 2010 年海关（制造许可证）（豁免）令 |
| | 2012 年海关（杂费和费率）条例 |
| | 海关（办事处和站点）条例 |
| | 海关（禁止进口）通告 |
| 货物和劳务税法 | 货物和劳务税（海关法的适用）（审讯、法律程序、罪行及罚则的规定）令 |
| | 货物和劳务税（进口减免）令 |
| | 货物和劳务税（关税和消费税相关立法的适用）令 |
| | 货物和劳务税（一般）条例 |
| 进出口管理法 | 进出口管理条例 |
| | 进出口（口香糖）管理条例 |
| | 进出口（金伯利进程）管理条例 |
| | 进出口（规定费用）管理条例 |
| | 进出口（犯罪行为构成）管理条例 |

续表

| 主要法律 | 与主要法律相关的法规、通告等 |
|---|---|
| 自由贸易园区法 | 自由贸易园区条例 |
| | 自由贸易园区（任命自由贸易园区管理机构）通告 |
| | 自由贸易园区（宣布园区区域）通告 |
| | 自由贸易园区（制造）条例 |
| | 自由贸易园区（规定的货物）通告 |
| 战略物品管制法 | 战略物品（管制）条例 |
| | 2019年战略物品（管制）令 |
| | 2019年战略物品（管制）（中间商交易）令 |
| 禁止化学武器法 | 2007年禁止化学武器条例 |

资料来源：新加坡海关官网，访问时间2019年12月。

**附录3**

**对自由贸易园区的其他主要规定**

一、明确规定对区内货物允许进行的操作

除法律明文规定禁止外，任何种类的货物都可以带入园区。区内货物可以按原包装或其他方式运出，被销毁，或者被运进关境或其他自由贸易园区。除有规定的货物①，区内货物还可以依法进行储存、出售、展览、分割、重新包装、组装、分配、分类、分级、清洗、混合或其他处理，或者依法进行制造（区内被允许的制造活动以公报发布）。不过对于有规定的货物，如果是以转运或测量重装为目的，也可以在运进关境前储存在区内，但应得到海关高级人员事先批准且受其施加的条件约束。酒类和烟草产品，最多只能在区内储存30天。

二、对应税货物的监管规定

未经不低于助理局长级别的海关高级人员书面许可，任何应税货物不得

---

① 有规定的货物是指：印度生产的小烟卷、香烟、雪茄和方头雪茄、致醉的酒类、烟草制品（不论包装起来以供零售的或是其他方式的）、鼻烟、未经制造的烟草。

在园区内使用或消费，否则会受到处罚①。任何人拟组装、混合或以其他方式处理任何货物，或实施被允许的制造，如果制成品或制造所用原材料是应税的，则必须向海关局长发出书面通知说明自己的意图，取得海关局长的事先书面许可后才能进行，并受新加坡《自由贸易园区法》和海关局长所施加条件的限制；他们还应维持完整而适当的对许可作业的记录，以供海关查阅。

未经海关正式人员事先书面许可，任何人不得将应税货物从一个园区转移到另一个园区，并且海关正式人员在给予上述许可时，可施加自己认为适当的条件。任何应税货物从园区运往关境内时，不论是以原始状态，以制造后状态，还是以区内制成品的组成部分，都应当受新加坡《海关法》及配套条例约束。例如，区内任何制造商若希望向关境内运输任何应税半成品或成品，以供当地消费、出口或销毁，则应当就拟运输的货物向海关正式人员提交申报，得到书面批准后才可运输，并受海关为维护税收安全而可能附加的一些条件的限制。

三、对区内制造活动的监管规定

在园区内进行制造活动需进行申请，申请文件应包括制造作业的确切地点或场所，制造作业的详细说明，在原材料、半成品和成品上预计每年免征或缴付的税额，确定原材料、半成品或成品的方法等。海关可视察拟制造货物的地点或场所，令申请人提交详细列明工厂布局或构造的计划图，并令申请人对原计划作出为维护税收安全而必要的更改。海关还可要求申请人提供担保所有海关税收、费用和企业适当运营的保证金。申请获批后可开展制造活动。

园区内的制造商应不迟于每月10日，向海关反馈业务情况②。制造商应允许海关在任何时间检查、称量或核对原材料、半成品和成品的库存（包括

---

① A. 首次被查，判处以下罚金：不少于海关税收或其他税金的10倍，或者5000新元（以较低者为准）；不多于海关税收或其他税金的20倍，或者5000新元（以较高者为准）。B. 第二次或两次以上被查的，应处前款所规定的罚金，并处以不超过两年的监禁。（如果不能确定海关税收或其他税金的金额，可处以不多于5000新元的罚金）

② 文件以海关规定的格式列明：A. 制造地点或场所上个月所收到的所有应税原材料。B. 半成品和成品（包括副产品）的生产，以及它们供本地消费或供出口的投放。C. 废料存量以及对废料的处置方式。D. 泄漏、蒸发等原因造成的损失。E. 截至上个月最后一日业务结束时，存放于制造地点或场所的所有应税原材料、半成品、制成品（包括副产品）的余量。

副产品),允许海关在出口产品的包装和箱子上做出标记,允许海关检查与其制造的产品有关的所有标签、包装或容器,并应提前通知海关制造作业的时段和时段的任何更改。对于不能恰当记账核算的任何应税货物,制造商应按海关要求缴纳海关税收。

附录 4-1

## 新加坡禁止进口商品

| 禁止进口商品 | 主管机构 |
| --- | --- |
| 口香糖(不包括卫生科学局批准的牙科和医用口香糖) | 新加坡海关 |
| 联合国安理会制裁下的禁止进口商品 | |
| 手枪,左轮手枪型打火机 | 新加坡警察部队公安许可和监管司 |
| 鞭炮爆竹 | |
| 犀牛角(不论是已加工、未加工还是精制的,也包括角的任何部分或废料) | 国家公园局 |
| 濒危野生动物和从这些动物躯体中衍生出来的产品 | |
| 通信设备<br>·扫描接收器<br>·军用通信设备<br>·电话语音转换设备<br>·运行于 880~915MHz、925~960MHz、1900~1980MHz 和 2110~2170MHz 频段的无线通信设备,但蜂窝移动电话或经新加坡资讯通信媒体发展局批准的其他设备除外<br>·在任何频带工作的无线通信干扰装置 | 资讯通信媒体发展局 |
| 淫秽物品、刊物、录像带或光碟 | |
| 煽动性及叛逆性材料 | |

续表

| 禁止进口商品 | 主管机构 |
|---|---|
| · 嚼烟（嚼烟烟叶、塞嚼烟、拧动型嚼烟、咀嚼用的烟草碎片等）<br>· 仿烟草制品（电子香烟、蒸发器）和仿烟草制品的部件<br>· 水烟<br>· 无烟雪茄、无烟小雪茄或无烟香烟<br>· 可溶解烟草或尼古丁<br>· 任何含有尼古丁或烟草、可通过植入或注射到身体某部位使用的产品<br>· 任何用于电子尼古丁传送或汽化的、由烟草或尼古丁组成的溶液或物质<br>· 鼻烟<br>· 口鼻烟 | 卫生科学局<br>烟草管制处 |
| 新加坡《滥用药物条例》第四版清单所列管制药物 | 卫生科学局<br>保健品监管小组 |

资料来源：新加坡海关官网。

## 附录 4-2

### 新加坡禁止出口商品

| 禁止出口商品 | 主管机构 |
|---|---|
| 犀牛角（不论是已加工、未加工还是精制的，也包括角的任何部分或废料）<br>濒危野生动物和从这些动物躯体中衍生出来的产品 | 国家公园局 |
| 新加坡《战略物品管制法》中的禁运商品 | 新加坡海关 |
| 联合国安理会制裁下的禁运商品 | |

资料来源：新加坡海关官网。

附录 4-3

## 新加坡限制进口商品

| 限制进口商品 | 主管机构 |
|---|---|
| 以下任何一项的母带后期处理设备和复制设备：<br>· CD（唱片）<br>· CD-ROM（只读唱片）<br>· VCD（影像光盘）<br>· DVD（数字影像光盘）<br>· DVD-ROM（只读数字影像光盘） | 新加坡海关 |
| 未经加工的钻石 | |
| 化学物质——有毒化学品及其前体 | |
| 新加坡《战略物品管制法》中的管制商品 | |
| 联合国安理会制裁下的管制商品 | |
| 武器和爆炸物 | 新加坡警察部队<br>公安许可和监管司 |
| 硝化纤维 | |
| 玩具枪和手枪（包括左轮手枪） | |
| 防弹衣（包括防弹背心） | |
| 钢头盔 | |
| 手铐 | |
| 投币式或磁盘操作式游戏机，包括弹球桌、射击游戏机和影像放映游戏机等 | |
| Fruit/jackpot machines（属于赌博机） | |

续表1

| 限制进口商品 | 主管机构 |
| --- | --- |
| 动物、鸟类及其制品 | 食品局，或国家公园局① |
| 动物、鸟类的肉和肉制品 | |
| 鱼类及渔业产品（包括鳍类鱼、甲壳类及软体动物） | |
| 植物（带泥土或不带泥土的）、花和种子 | |
| 《濒危野生动植物种国际贸易公约》列明的木材 | |
| 食物（不包括新鲜或冷冻蔬菜及水果） | |
| 水果（新鲜/冷冻） | |
| 蔬菜（新鲜/冷冻） | |
| 人参根 | |
| 兽医药物 | |
| 脱脂奶粉（已加入色素作动物饲料），鲜奶，脱脂奶，来自马来半岛/沙巴/沙捞越的巴氏杀菌奶 | |
| 有机肥 | |
| 餐具和厨房用具：<br>・瓷器<br>・铅水晶 | |
| 化学物质——农药 | 国家环境局污染控制处 |
| 化学物质——毒药和危险品 | |
| 氯氟烃 | |
| 卤化物 | |
| 阴离子表面活性剂 | |
| 石棉制物品 | |
| 初级电池，碱性、锌碳和氧化汞电池 | |
| 废旧铅酸蓄电池，废旧铅、镉、汞制蓄电池 | |

---

① 主管机构原为农粮兽医局（AVA），但2019年4月1日AVA被改组到新成立的食品局和国家公园局下的动物与兽医局，原归AVA监管的食品业务现归于食品局，非食品业务现归于国家公园局。

续表2

| 限制进口商品 | 主管机构 |
|---|---|
| 辐射装备：<br>·X射线设备，带电粒子加速器，电子束焊接设备，CT扫描仪，骨密度计，合金分析仪，碎石机，扫描电子显微镜，离子植入器<br>·日光浴设备<br>·微波炉<br>·磁共振成像（MRI）设备<br>·超声波设备<br>·激光设备（3B级或4级激光） | 国家环境局辐射防护与核科学处 |
| 放射性物质 | |
| 预录的盒式录音带/音频压缩磁盘 | 资讯通信媒体发展局 |
| 预录的磁带 | |
| 影片/录像/激光光盘 | |
| 留声机唱片 | |
| 出版物 | |
| 玩具对讲机 | |
| 人类病原细菌 | 卫生部生物安全处 |
| ·治疗用产品<br>·医疗设备<br>·中成药<br>·限制药物和精神药物<br>·口腔牙科用口香糖<br>·含有限制药物、精神药物或毒药的原料、化验试剂、参考样及兽医药物 | 卫生科学局 |
| 大米（米糠除外） | 企业发展局 |
| 罂粟籽 | 中央肃毒局 |
| 易制毒化学品 | |

续表3

| 限制进口商品 | 主管机构 |
| --- | --- |
| 柴油 | 新加坡民防部队 |
| 易燃物品 | |
| 石油及石化产品 | |
| 砂和花岗岩（基本建筑材料） | 建设局 |

资料来源：新加坡海关官网。

## 附录 4-4

### 新加坡限制出口商品

| 限制出口商品 | 主管机构 |
| --- | --- |
| 未经加工的钻石 | 新加坡海关 |
| 化学物质——有毒化学品及其前体 | |
| 新加坡《战略物资管制法》中的管制商品 | |
| 联合国安理会制裁下的管制商品 | |
| 武器和爆炸物 | 新加坡警察部队 |
| 玩具枪和手枪（包括左轮手枪） | |
| 防弹衣（包括防弹背心） | |
| 钢头盔 | |
| 手铐 | |
| 动物 | 食品局或国家公园局 |
| 肉类和肉制品 | |
| 鱼类及渔业产品（包括鳍类鱼、甲壳类及软体动物） | |
| 《濒危野生动植物种国际贸易公约》列明的木材 | |
| 人参根 | |
| 化学物质——农药 | 国家环境局污染控制处 |
| 氯氟烃 | |
| 卤化物 | |
| 废旧铅酸蓄电池，废旧铅、镉、汞制蓄电池 | |

续表

| 限制出口商品 | 主管机构 |
|---|---|
| 辐射装备（辐射仪，X射线设备，激光器，超声波设备，磁共振成像设备，微波炉，紫外线太阳灯等） | 国家环境局辐射防护与核科学处 |
| 放射性物质 | |
| 管制药物和精神药物 | 卫生科学局 |
| 大米（米糠除外） | 企业发展局 |
| 橡胶 | |
| 易制毒化学品 | 中央肃毒局 |

资料来源：新加坡海关官网。

附录5

## 新加坡《海关法》中的部分罚则

| 违法行为种类 | | 罚款 | 监禁 | 并罚情况 |
|---|---|---|---|---|
| 128（1），128A（1），128B（1），128C | | 不多于10000新元，或不多于应付的关税、消费税和货劳税税款，取较高者为限 | 不超过12个月 | 处罚款，或处监禁，或并罚 |
| 128D，128E，128F，128G，128H，128I，128J，128K | 不涉及烟草制品 未犯前科 | 不少于所逃关税、消费税、货劳税税款的10倍，或不少于5000新元，取较低者为限；不多于所逃关税、消费税、货劳税税款的20倍，或不多于5000新元，取较高者为限 | 无 | 处罚款 |
| | 犯有前科 | 与未犯前科相同 | 不超过2年 | 处罚款，或处监禁，或并罚 |

续表

| 违法行为种类 | | | | 罚款 | 监禁 | 并罚情况 |
|---|---|---|---|---|---|---|
| 128D, 128E, 128F, 128G, 128H, 128I, 128J, 128K | 涉及烟草制品 | 烟草制品的重量不超过2千克 | 未犯前科 | 不少于所逃关税、消费税、货劳税税款的10倍,或不少于5000新元,取较低者为限(但若税款的10倍小于1000新元,则最低应罚款1000新元);不多于所逃关税、消费税、货劳税税款的20倍,或不多于5000新元,取较高者为限① | 无 | 处罚款 |
| | | | 犯有前科 | 不少于首次违法行为所逃关税、消费税、货劳税税款的30倍,且至少为2000新元;不多于本次违法行为所逃关税、消费税、货劳税税款的40倍,或不多于20000新元,取较高者为限 | 不超过6年 | 处罚款,或处监禁,或并罚 |
| | | 烟草制品的重量超过2千克 | 未犯前科② | 不少于所逃关税、消费税、货劳税税款的15倍,或不少于1000新元,取较低者为限;不多于所逃关税、消费税、货劳税税款的20倍,或不多于10000新元,取较高者为限 | 不超过3年 | 处罚款,或处监禁,或并罚 |
| | | | 犯有前科 | 不少于首次违法行为所逃关税、消费税、货劳税税款的30倍,且至少为2000新元;不多于本次违法行为所逃关税、消费税、货劳税税款的40倍,或不多于20000新元,取较高者为限 | 不超过6年 | 并罚 |

资料来源:根据新加坡《海关法》相关条文整理。

注:表中"违法行为种类"下列的128(1)、128A(1)、128B(1)、128C等,分别指对应新加坡《海关法》的第128条第(1)款、第128A条第(1)款、第128B条第(1)款、第128C条等所规定的违法行为。

---

① 当无法确定关税或消费税的金额时,可处不少于1000新元、不多于5000新元的罚款。

② 或犯有前科,但前科所涉及烟草制品的重量不超过2千克。

# 分报告七
# 迪拜自由港有效监管经验

迪拜位于波斯湾南岸，地处亚欧非三大洲的交汇点，是阿联酋的七个酋长国[①]之一，截至2019年年底人口335.6万[②]。得益于独特的地理位置、开放的经济政策、优越的营商环境，迪拜从60年前的一座渔港崛起为中东地区乃至全球的贸易、航运、金融和旅游中心，2018年被GaWC[③]评为年度世界一线城市第九位。2018年迪拜GDP（以不变价格计算）为3981.2亿迪拉姆（约合1084亿美元），同比增长1.94%[④]，接待国际游客1600万人次，消费总额213.75亿美元[⑤]，蝉联全球第四大旅游目的地城市[⑥]。2018年非石油贸易总额1.3万亿迪拉姆（约合3530亿美元）[⑦]，是国际公认的典型自由港。

《经济学人智库》发布的"2018年全球非法贸易环境指数"，对84个国家或地区防范和打击非法贸易的能力进行了评估。阿联酋排名第34位，总分

---

[①] 分别是阿布扎比、迪拜、沙迦、富查伊拉、乌姆盖万、阿治曼、哈伊马角。

[②] 资料来源：迪拜统计数据中心（Dubai Statistics Center），人口时钟（Population Clock）。

[③] 由全球化与世界城市研究小组与网络（GaWC）编制的全球城市分级排名《世界城市名册2018》通过检验城市间金融、专业、创新知识流情况，GaWC用六大"高级生产性服务业机构"（银行、保险、法律、咨询管理、广告和会计），以175家先进生产性服务业公司在世界各大城市中的办公网络为指标，对世界707座城市进行排名。关注的是该城市在全球活动中具有的主导作用和带动能力。GaWC评估世界城市的指标并不包括直接的GDP和制造业产值等。2018年世界级城市名单Alpha++：伦敦、纽约。Alpha+：香港、北京、新加坡、上海、巴黎、迪拜、东京。

[④] 资料来源：中国商务部官网，《迪拜2018年GDP增长1.94%》。

[⑤] 资料来源：世界旅游组织2018年年度报告。

[⑥] 资料来源：万事达卡2018年全球旅游目的地城市指数（GDCI）。

[⑦] 资料来源：《迪拜2018年非石油贸易总额3530亿美元》，中华人民共和国驻迪拜总领事馆经济商务处，2019年3月10日。

67.8。其中,"政府政策"排名第35位(70.3分),"供给和需求"排名第3位(82.0分),"透明度和贸易"排名第58位(43.7分),"海关环境"排名第52位(72.0分)。了解迪拜自由港是如何在开放自由的基础上实现有效监管,对于海南自由贸易港监管制度具有重要借鉴意义。

### 一、迪拜自由港面临的机遇和挑战

一是客流、物流、资金流持续增长,监管量大且面广。随着迪拜航运、金融、旅游、会展等产业的不断发展,特别是自由区设立以来,全球范围内的人才、商品、信息、资金等资源要素在迪拜不断集聚,进而带动流量增长,监管量不断增加。2018年迪拜非石油对外贸易额占到阿联酋外贸总额的59%[1]。迪拜国际机场(DXB)2018年客流总量8915万人次,全球排名第三[2]。迪拜杰拜阿里港(Jebel Ali Port)2018年集装箱吞吐量为1495.4万标箱(TEU),名列全球第10大集装箱码头,在全球金融中心指数(GFCI)中排名全球第12位,在中东非洲地区排名第一。迪拜国际金融中心(DIFC)被《银行家》(*The Banker*)杂志评为全球十大金融中心的第10位。

二是有可能成为走私流出地,监管难度大。由于税负极低,监管相对宽松,迪拜也是走私等犯罪活动的高发地。以黄金为例,每年有价值数十亿美元的非洲黄金通过阿联酋走私到世界各地,阿联酋成为将非洲黄金转运至欧洲、美国和其他地区的门户通道。2016年阿联酋从非洲进口价值151亿美元的黄金,比任何其他国家的黄金进口都多,且远高于2006年时的13亿美元。包含各种纯度的黄金进口总量为446吨,2006年时则为67吨。阿联酋公布的2016年自46个非洲国家的黄金进口数据中,有25个国家并未提供黄金出口至阿联酋的数据给联合国商品贸易统计数据库(Comtrade)。

此外,迪拜自由港监管具有一定有利条件,即长期以来实行低税率简税制,税收征管风险小。迪拜主要税种有关税、增值税、消费税。一是关税。

---

[1] 世界贸易组织(WTO)数据显示,2018年阿联酋是西亚非洲地区最大的货物和服务进出口贸易国。货物贸易出口额3460亿美元,占全球出口总量比重为1.8%,系全球第16大出口国;货物贸易进口额2530亿美元,占比1.3%,排名全球第20位。服务贸易方面,阿联酋2018年进出口均为710亿美元,占全球进出口比重分别为1.3%和1.2%,分列第21位和第22位。

[2] 仅次于美国亚特兰大国际机场(ATL)和中国北京首都国际机场(PEK)。

根据海湾阿拉伯国家合作委员会（GCC）① 统一关税税率（The Unified Customs Tariffe for GCC States），迪拜绝大多数商品关税税率不高于5%。2019年阿联酋简单平均的最惠国税率为4.8%，贸易加权平均税率②为4.3%。农产品中有23.4%的免关税，67.8%的商品税率在0~5%。非农产品中有8.4%的商品免关税，91.0%的商品税率在0~5%。对酒精饮料、烟草等商品，阿联酋实行50%、100%等档次的高税率（参见附录1-1：阿联酋关税及进口：概述及关税范围、附录1-2：阿联酋按产品分组的关税税率及进口值）。外交、军事、慈善团体进口、退货、部分工业品、随身物品及家庭用品、旅客物品等七大类豁免关税（参见附录2：阿联酋关税豁免清单）。阿联酋采取单一入境点。单一入境点所在国代替其他成员国对进口外国商品进行检查，核实所需单据文件，确保不含违禁品，征收相关关税。货物进入自由区的，无须缴纳进口关税。二是增值税。增值税是在生产和分销阶段对商品和服务的进口和供应（包括视同供应）征税，标准税率为5%③（参见附录3：阿联酋增值税税率清单）。适用零税率的商品和服务包括：电信，国际客运或货物运输，投资级贵金属，新建和改建的住宅建筑，以及用于慈善事业的医疗、教育和建筑等。某些金融服务，通过出售或租赁供应住宅（非零税收）建筑物，供应裸地，以及本地客运免征增值税。某些指定区域，也可享受免征增值税待遇，这些指定区域设有专门围栏，现场具备安检措施、海关监控及监督人员，具备关于区内货物的保管、存放和处理的内部程序，运营者遵守阿联酋联邦税

---

① 海湾阿拉伯国家合作委员会（GCC）是海湾地区最主要的政治经济组织，简称海湾合作委员会或海合会。海合会成立于1981年5月，总部设在沙特阿拉伯首都利雅得。正式成员国包括阿联酋、阿曼、巴林、卡塔尔、科威特和沙特阿拉伯。
② 将最惠国税率按照各HS编码六位子目的贸易量进行加权平均。
③ 根据2017年第8号联邦法令[Federal Decree Law No. (8) of 2017 on Value Added Tax]，迪拜从2018年起征收增值税，增值税将为阿联酋提供新的收入来源，并将继续用于提供高质量的公共服务。它还将帮助政府朝着减少对石油和其他碳氢化合物作为收入来源的依赖的愿景迈进。目前在阿联酋应税销售额满37.5万迪拉姆的企业需要强制性登记缴纳增值税，其应课税货品及进口总值在过去12个月内超过强制性登记门槛，或预计其应税供应和进口的总价值将在未来30天内超过强制性登记门槛。该门槛不适用于外国企业。应税销售额在18.75万至37.5万迪拉姆区间的企业可以自行选择是否登记缴纳。

务局的相关规定①。三是消费税。2017 年阿联酋决定对烟草制品、功能型饮料和碳酸饮料（不包括苏打水）分别征收 100%、100% 和 50% 的消费税②，以减少这些商品的消费，同时增加可用于公共服务的政府收入。2020 年 1 月起对任何添加糖或甜味剂的饮料③征收 50% 的消费税，对电子烟设备④征收 100% 的消费税。依法缴纳消费税，是所有在指定区域进口、生产货物的企业，必须履行的责任。

## 二、迪拜对自由港的监管

### （一）打造智慧城市，达到跨境感知

迪拜政府致力于打造世界领先的智能化政府和智慧城市，统筹现有应用管理，前瞻未来技术，达到跨境感知的目的。推出智慧迪拜战略规划（Smart Dubai Strategic Plan），旨在将迪拜打造成为一个高度智能化的城市，围绕 6 个主要方面（交通、传播、基础设施、电力、经济服务和城市规划），推出 100 个项目。其中"我的迪拜窗"能够实现政府、学校、医院、道路及交通、监控系统、楼房、能源及其他各方面信息数据共享。实施迪拜数据战略（Dubai

---

① 指定区域（Designated Zones）即服从严格的控制标准；须设有安保程序，管制货物及人员进出指定区域；要求有海关程序控制货物进出指定区域；视为国外，某些货物的增值税享受免征增值税待遇。包括：A. 迪拜：杰拜阿里自由区（北区和南区）、迪拜汽车城、迪拜纺织城、Al Quoz 自由区、Al Qusais 自由区、迪拜航空城、迪拜机场自由区。B. 阿布扎比：哈利法港自由贸易区、阿布扎比机场自由区、哈利法工业区。C. 沙迦：哈姆利亚自由区、沙迦机场国际自由区。D. 阿治曼：阿治曼自由区。E. 乌姆盖万：乌姆盖万艾哈迈德·本·拉希德港口自由区、乌姆盖万谢赫·穆罕默德·本·扎伊德路自由区。F. 拉斯海马：拉斯海马自由区、拉斯海马海事城自由区、拉斯海马机场自由区。G. 富查伊拉：富查伊拉自由区、富查伊拉石油工业区。资料来源：阿联酋联邦税务局 2018 年 7 月发布的《指定区域增值税指南》。

② 消费税（Excise Tax）通常是向对人类健康或环境有害的特定商品征收的一种间接税。

③ 以下饮料将享受消费税豁免待遇：含 75% 及以上牛奶的即饮饮料、含 75% 及以上牛奶替代品的即饮饮料、婴儿配方奶粉及婴儿食品、海合会标准化委员会 654 标准"对用于特殊饮食需要而重新包装的食品的一般性规定"项下及相关标准规定的特殊饮食需要的饮品、海合会标准化委员会 1366 标准"对用于特殊医疗用途的食品处理的一般性规定"项下及相关标准规定的用于医疗用途的饮品。

④ 电子烟设备包括所有用于电子烟设备的液体及工具，不论是否包含尼古丁或烟草。

Data Strategy），涉及数据共享和发布，数据使用和再使用，隐私、保密及知识产权保护，旨在实现联邦政府机构和迪拜酋长国政府机构提供的服务互联互通，以支持迪拜经济发展，实现 11 大战略目标①。

2017 年，迪拜启动 Dubai 10X 计划（X 代表勇于实验、打破常规、着眼未来以及指数思维），要求所有迪拜政府部门主要负责人以迪拜领先其他大都市十年发展为目标，制订具有突破性的解决方案；制定流程和方法，与真正具有突破性的公司和初创企业合作，从根本上为迪拜居民提供更好的服务；消除创新型企业面临的监管障碍。

### （二）打造"无闸边界"，提升无感入境

迪拜机场近几年业务规模不断扩大，2018 年被国际机场协会评为全世界第三繁忙的机场。迪拜国际机场 2018 年运行航班 40.83 万架次，旅客吞吐量达到 8914.94 万人次，预计到 2025 年，这一数字将会达到 1.18 亿人次。为应对业务规模的快速增长，迪拜机场探索 AI 应用，打造"无闸边界"，提升旅客无感入境体验。

迪拜机场安装了虹膜检测机，持因私护照者入境时必须接受入境虹膜检测（IRIS Scanning），在核对护照和入境签证无误后，入境检查处在其护照上加盖入境章，然后放行入境。2018 年，迪拜居留与外国人事务局（GDRFA）与阿联酋航空合作，在迪拜机场试点开展生物识别通道（smart tunnel）。该通道内设置约 80 个人脸识别技术摄像头，运用人脸自动识别技术，乘客只需走过通道即可完成通关，无须人为干预，也不需要在护照上盖章。

### （三）加强金融监管，支持国际金融中心建设

为保证迪拜金融市场稳定，打击危害国家和市场稳定的犯罪行为，降低

---

① 11 大主要战略目标：A. 实现使迪拜成为最幸福城市的智慧城市愿景；B. 以国际最优措施标准管理数据；C. 使联邦政府机构和迪拜酋长国政府机构提供的服务融会贯通；D. 使数据使用达到最大化；E. 提高透明度，建立数据传播和交流的管理框架；F. 提高联邦政府和酋长国政府的工作效率，提高服务质量、速度，简化手续流程，降低运营成本；G. 提高数据提供方的竞争力，提高阿联酋的国际竞争力；H. 在联邦和酋长国层面提高决策能力，使政府机构能够更有效地处理数据、出台法令、落实战略倡议；I. 鼓励、培养创新环境，提高居民和旅客的生活水平；J. 平衡数据传播交流与数据隐私保密间的关系；K. 向非政府机构提供必要的数据，支持迪拜经济发展。

投资风险，维护迪拜全球金融和经济中心地位，成立迪拜经济安全中心。经济安全中心的主要职责是打击腐败、欺诈、犯罪、贿赂、挪用公款、破坏公共财产、伪造假冒、洗钱、恐怖主义融资以及其他违法犯罪行为，并通过审核迪拜经济和金融活动相关法令，研究酋长国经济金融事务并提出相关建议，为管辖范围内实体提供支持与协助。主要监管对象包括当地政府部门及受政府补贴单位、酋长国内从事经济活动的公司或机构以及在自由区、经济特区和迪拜国际金融中心从事业务的公司与部门。迪拜金融服务管理局（DFSA）是迪拜国际金融中心（DIFC）独立的金融服务监管机构。DFSA 在行使职权时，强调与阿拉伯联合酋长国及其他司法管辖区的监管机构合作，并以透明的方式履行职能。

### （四）完善管理，持续发挥自由区经济引擎作用

迪拜自由区作为刺激经济增长的有效工具，在促进经济增长、吸引外国直接投资方面发挥着积极作用，制度和投资方面的优势已经使其成为一个在全球范围内都难以匹敌的典范。自由区可享受外资可100%独资、50年免公司税、资本和利润自由汇出、无个人所得税、进口完全免税、货币自由兑换、无烦琐的官僚办事程序等政策。迪拜自由区拥有较高的自治权，如 DIFC 拥有自己的法律、法院和仲裁中心。据世界自由区组织（WFZO）数据，迪拜是中东地区的第一大自由区城市，有28个自由区（其中一部分自由区参见附录4：迪拜部分知名自由区），而最成功的要数杰拜阿里自由区（Jebel Ali Free zone，JAFZ）。

迪拜高度重视自由区的管理，成立迪拜自由区委员会（Dubai Free Zone Council，DFZC）。DFZC 主要职责是：在兼顾各自由区目标和具体情况的基础上，提出自由区的全面战略；提出自由区内登记、许可等活动的要求；提出促进自由区投资的必要规则；与酋长国有关当局协调，建立综合数据库（包括业绩和经济指标），以便为自由区和区内经营企业服务；建立统一的报告制度，有助于就与自由区有关的议题；制定更明确的指引和决定；审查和提出管理自由区的法规、命令和政策；通过提出和制定适当的解决办法，积极应对自由区面临的共同挑战；加强自由区之间的协调与合作；发挥自由区与经济发展委员会之间的联络作用；根据经济发展委员会的委托，对与自由区工作有关的专题进行研究；促进意见交流，并从所有自由区的经验和最佳做法

中获益，以提高业绩和实现共同目标；编写研究报告；就有关当局提交的有关自由区或投资的地方或联邦法律提供咨询；组织有关自由区或投资专题的会议、研讨会和小组讨论；加强自由区合作，支持自由区之间的协调；发表研究报告和统计数据；制定协议和制度，帮助解决自由区之间的差距和问题；执行有助于实现委员会目标的其他相关任务等。

以 JAFZ 为例，其管理突出表现为：

1. 实行政企合一的运营和管理机构。杰拜阿里自贸区管理局（Jebel Ali Free Zone Authority）成立于 1985 年，实行政企合一的运营方式，以市场为导向，为企业提供一站式高效服务。该管理局是拥有政府职能的实体公司，母公司为"经济区世界"（Economic Zones World），隶属于"迪拜世界集团"（Dubai World Group）。作为政府性质服务机构，杰拜阿里自贸区管理局通过优质服务网络，提供国际"单一窗口"管理，迪拜贸易门户、杰拜阿里自贸区手机 App 和综合服务网络，承担全部招商、管理和服务工作。杰拜阿里自贸区管理局实现"一站式"服务，可以直接向投资者颁发营业执照，提供行政管理、工程、能源供应和投资咨询等多种高效服务。迪拜港务局（Dubai Port Authority）成立于 1991 年，直属迪拜政府，对拉什德港（Port Rashid）和杰拜阿里港（Port Jebel Ali）的港口运作以及杰拜阿里自贸区的管理实行港区联动一体化运作，承担上述功能区的基础设施建设和港口发展工作，对外执行政府职能，对内管理加工区一切事务。

2. 强化资质主体管理。如投资者可以在 JAFZ 内成立海外公司分公司（brach company）、自由区独资公司（Free Zone Establishment，FZE）和自由区合资公司（Free Zone Company，FZCO）。已经在 JAFZ 之外注册和获得营业执照的国内外公司，可以在自由区内申请开设分公司，无须注册资金。FZE 和 FZCO 可作为独立的法人实体。FZE 由一个股东建立，最低注册资金为 100 万迪拉姆。FZCO 有 2~5 名股东，最低注册资金为 50 万迪拉姆，每个持股人注册资金不得少于 10 万迪拉姆。2017 年颁布最新规定，FZE、FZCO 以及分支机构都将纳入一个统一的法律管理规定中。同时，新规定还引入了一种新的法律实体——公共上市公司（PLC）。

3. 基于执照的分类管理。JAFZ 管理部门向客户提供三类执照。贸易方面包括：一般贸易执照（General Trading License），允许持有者进出口、分销和仓储所有符合 JAFZ 规章制度的商品；贸易执照（Trading License），允许持有者进口、出口、分销和仓储执照上规定的商品。服务方面包括：服务执照（Service License），允许持有者从事执照上规定范围内的服务，所从事的服务业种类必须和母公司持有的由阿拉伯联合酋长国经济部或其他酋长国政府部门颁发的营业执照所规定的服务保持一致；物流执照（Logistic License），允许企业从事物流服务，如货物仓储、存储、转运和分销。工业方面包括：工业执照（Industrial License），允许持证者进口原材料，进行特定产品的加工制造，并将成品出口；国家工业执照（National License），是为那些所有权或股份至少有51%属于海合会所有的制造业公司而设计的执照，其在自由区内产品的附加值至少达到40%，持有该执照的公司在阿联酋地区与本土企业具有同等的地位。

### 三、迪拜海关对自由港的监管

迪拜海关有着悠久的历史，被称为"政府部门之母"，由人力资源、财务和行政部门、客户管理部门、政策法规部门、海关货物作业部门和海关发展部门组成。迪拜海关关长办公室由战略部、对外联络部、内务部、审计和税收发展部、旅客业务部组成。迪拜海关现场办公，设置海关中心（Jebel Ali 和 TECOM 海关管理中心、沿海海关管理中心、航空海关管理中心、旅客运营部、陆路海关管理中心）[①] 和客户服务中心。2005 年 6 月 30 日，迪拜海关成立知识产权部[②]，坚决打击走私假冒伪劣商品。迪拜海关根据《共同海关法》

---

[①] A. Jebel Ali 和 TECOM 海关管理中心：Jebel Ali & TECOM 海关中心、迪拜物流城海关中心。B. 沿海海关管理中心：Hamariya 海关中心、迪拜湾海关中心、沿海泊位海关中心。C. 航空海关管理中心：机场自由区 & 硅绿洲海关中心、货运村海关中心、邮局海关中心、迪拜多种商品交易中心。D. 旅客运营部：机场 1 号航站楼、机场 2 号航站楼、机场 3 号航站楼、阿勒马克图姆机场海关中心。E. 陆路海关管理中心：哈塔边境海关中心、杜卡姆兹海关中心、无水港海关中心。

[②] 知识产权部承担以下职能：执行涉及知识产权保护的联邦和地方协议及法律；了解有关商标的法律、决议、条约、国际分类和国际形势；建立一个载有为海关管制和保护目的而记录的注册商标细节的数据库，以区分其正品和仿冒品；指导和监督海关检查员，特别是广大消费者对知识产权保护的教育和认识；加强商标所有者之间的联系，并以积极支持当前全球经济形势的方式加强对侵权货物的控制。

(Common Customs Law of the GCC States，CCL)① 等有关法律开展工作。

2018年，阿联酋联邦海关署启动了该国第一项统一的国家海关战略，旨在提高地方、联邦海关工作水平，并在海关部门之间建立一个联合安全体系。该战略旨在实现五个战略目标：一是加强海关安全制度和保障地区安全；二是改善该国的海关工作以便利贸易和人员流动；三是加强战略伙伴关系，以提升该国的竞争力；四是以质量、效率和透明度的最高标准提供行政服务；五是建立创新文化。

在自由贸易港监管方面，迪拜海关积极应对监管、税收、安全、统计等方面挑战，强化进出境安全准入管理，实施更加灵活的政策体系、监管模式和管理体制。

一是强化禁限货物和物品监管。迪拜海关依据CCL或国家适用的有关法律对禁限货物和物品进出境进行监管。禁止类货物包括各类麻醉药品、各种赌博工具、活猪、核辐射污染物质、违背伊斯兰信仰和公共道德的货物等。活体动物和鸟类、武器和弹药、药品和医疗设备、化肥、杀菌剂、幼苗和种子、通信系统、化学品和放射性物质、某些兽医产品、某些血液产品、动物产品和新轮胎等货物只有经主管当局批准才能放行（参见附录5：阿联酋进出口受限货物类别及主管当局）。

二是加强对监管对象的登记认证。凡是已在GCC成员国或阿联酋境内进行过工商注册的企业，均可以向迪拜海关申请注册为海关客户。企业申请注册的业务类型与海关业务相关时，须获得海关签发的不反对信函。海关签发不反对信函的条件是企业在银行存有5万迪拉姆保证金，并支付相关手续费。

三是按照货物流向，明确申报主体及单证要求。进口方面，按照从世界其他地方进口到当地、从自由区进口到本地、从保税仓库进口到本地、从GCC成员国进口到本地（统计进口）、从世界其他地方进口到本地用于再出口的、从自由区进口到本地用于再出口的、从保税仓库进口到本地用于再出口的、从世界其他地方进口到保税仓库、从自由区进口到保税仓库、从本地转入保税仓库10种流向，明确相应的单证要求，如空运主运单/空运货运代

---

① GCC成员国海关条例和程序的统一是GCC成员国海关管理部门要实现的最重要目标之一，其中包括通过了《共同海关法》，统一了各成员国海关管理部门的海关程序，有助于加强成员国在海关领域的合作。

理的运单、海运提单/海运运输代理行提单、商业发票、原产地证书、装箱单、交货单、任何适用的许可证等；出口方面，按照由本地出口至非海合会成员国、由本地出口至自由区、由本地出口至 GCC 成员国（统计出口）、由海关保税仓出口至非 GCC 成员国、由海关保税仓出口至自由区、再出口至非 GCC 成员国、再出口至自由区（以再出口为目的的货物进口后）、原暂时进口货物退运出至非 GCC 成员国、由本地暂时出口至非 GCC 成员国、由本地暂时出口至自由区，明确相应的单证要求。出口限制类货物，必须经主管机关批准，并报海关。此外，迪拜海关对过境、转运货物及邮包①也有明确的监管要求。海关依托 E-Mirsal②（在线报关和结算系统）进行处理（参见附录 6：过境货物和转运货物、附录 7：电子清关）。

四是在海关法中明确了自由区监管办法及流程。迪拜海关对自由区的监管（参见附录 8：《共同关税法》第四章：自由区及免税店），包括围网型自由区和非围网型自由区两种类型。其中围网自由区有杰贝阿里自由区、机场自由区、迪拜汽车城等，非围网自由区包括迪拜创意集群管理局管理的 9 个自由区等。

区内获授权经营企业可以免关税从其他国家进口货物或设备。在企业营业执照有效期内并基于货物的种类，货物可在自由区内无限期存放。除易燃物品（不包括主管机关规定的自由区和免税店监督机构）、放射性物料、任何种类的武器、弹药和爆炸物（但主管当局许可的武器、弹药和爆炸物除外）、侵犯知识产权货物、各类麻醉药品及其衍生物、来自经济抵制国的货物、各国列明的禁止入境的货物外，一切外国货物不论种类或来源，均可带入自由区。海关为查缴违禁品可以在自由区进行检查，也可以在怀疑走私活动时审查文件和检查货物。

自由区内所有企业必须采用电子化、可彻底审核的存货管理系统。区内企业须按海关要求制作存货单，以与海关记录进行核对。

五是加强旅客行李物品监管。为应对快速增长的游客数量，迪拜海关在

---

① 进口处理：一是经检查后，从检查人员处领取邮包；二是接收进口报关及处理所需文件；三是打印海关报关单；四是征收关税和注册费。

② 2011 年，迪拜海关推出了国内研发的电子报关系统 E-Mirsal，该系统允许 7×24 小时以电子方式提交清关文件。该系统包括与国内和区域当局以及国际组织相联系的风险评估系统。

各主要口岸增设海关，维护正常通关秩序，保护游客的生命和财产安全。迪拜海关按照本国公民和国际旅客对进出境人员携带的行李物品进行监管。旅客入境可免税携带的自用物品及其数量：价值不超过 3000 迪拉姆的礼物；香烟的数量不超过 400 支，雪茄不超过 50 支，烟草（切碎或压成管状）不超过 500 克；酒精饮料和啤酒的数量不超过 4 升酒精饮料或 2 箱啤酒（每箱由 24 罐组成，每罐不超过 355 毫升或同等容量）①。禁止携带各种麻醉品（大麻、可卡因、海洛因、罂粟籽、幻觉药等），来自以色列的货物或带有以色列商标或徽标的货物，象牙和犀牛角，赌博工具和机器，与伊斯兰教义、礼仪相悖或故意暗示不道德或动乱行为的印刷出版物、油画、照片、图片、卡片、书籍、石雕和人体模型杂志等。迪拜海关推出了"iDeclare"应用程序，是中东地区第一个为乘客提供智能手机报关服务的系统。"iDeclare"旨在增强乘客体验，提高客户满意度，同时优化边境管理。轮候清关时间由 45 分钟减至 5 分钟。检查人员只需扫描乘客智能手机上的应用程序生成的"条形码"即可。此外，"iDeclare"使旅行者能够更好地了解相关法规。

六是加大区块链、人工智能等新技术应用。2018 年，阿联酋联邦海关署实施新的统一电子系统。该系统有利于进一步简化手续，缩短通关时间，最大限度地利用现有人力资源，同时完善进出口货物的检查，打击走私等非法贸易，更好地履行国际承诺。统一电子系统包括人工智能、智能风险引擎、区块链、自动化和清关后审计，不仅能完善先期披露，减少技术性错误，提高在陆空海口岸追踪旅客的绩效水平，还有利于海关准确跟踪空运和海运货物。推出船舶和旅行智能跟踪系统，帮助海关官员跟踪空运、海运货物，更好地进行风险管理并提高运作效率。针对迪拜小溪、由各尤杜拜溪船只，推出停泊服务和智能船舶停泊系统，帮助船只在基于人工智能的先进服务下装卸货物。"金伯利行动"倡议则使用区块链技术来加强钻石来源的核查进程。推出机器人自动智能退款系统，可在没有人工干预的情况下，通过支持电子/扫描文档来匹配和验证项目，实现退款服务。

---

① 携带限额内香烟或酒精饮料入境的旅客必须年满 18 周岁。

七是加大打击走私力度。迪拜海关和警方协作，严厉打击走私①，同时加大对海官官员的培训，使他们能够在扫描设备的帮助下有效地检测非法物质。迪拜海关对于走私予以严厉处罚。如果走私货物是应征收较高税率关税的，将处以不少于两倍应缴关税但不超过两倍货值的罚款，或不少于一个月但不超过一年的监禁；对其他货物，应处以不少于两倍应缴关税但不超过货值的罚款，或不少于一个月但不超过一年的监禁；走私免征关税货物的，处以不少于货值百分之十但不超过货值的罚款，或不少于一个月但不超过一年的监禁；走私禁止类货物的，处以不少于货值但不超过三倍货值的罚款，或不少于六个月但不超过三年的监禁；没收用于走私的运输工具和材料；如再犯，可加倍处罚。

（执笔人：万中心　田仲他　程前）

---

① CCL中对走私行为进行了界定：未将货物运往第一入境口岸，未按照规定的路线进出境的；违反海关规定卸货、装货的船舶；在官方机场以外非法卸货或装载货物或在飞行期间空投货物；在没有舱单的情况下，不向海关申报进出境货物，包括旅客携带的具有商业性质的货物等，均被视为走私。

附录 1-1

### 阿联酋关税及进口：概述及关税范围

| 税率概述 | 年份 | 总计 | 农产品 | 非农产品 |
|---|---|---|---|---|
| 简单平均的最终约束税率（%） | — | 14.6 | 25.5 | 12.8 |
| 简单平均的最惠国税率（%） | 2019 | 4.8 | 6.2 | 4.6 |
| 贸易加权平均（%） | 2018 | 4.3 | 18.7 | 3.2 |
| 进口值（以10亿美元计） | 2018 | 244.5 | 17.4 | 227.1 |

资料来源：世界贸易组织《世界关税概览 2020》。

附录 1-2

### 阿联酋按产品分组的关税税率及进口值

| 产品组 | 最终约束税率 | | | 最惠国税率 | | | 进口值 | |
|---|---|---|---|---|---|---|---|---|
| | 平均值 | 零关税部分占比（%） | 最高税率（%） | 该组所有税号中设有约束税率部分占比（%） | 平均值 | 零关税部分占比（%） | 最高税率（%） | 在总进口值中占比（%） | 享受零关税部分占比（%） |
| 动物产品 | 33.3 | 0 | 200 | 100 | 2.8 | 36.5 | 5 | 0.9 | 34.6 |
| 乳制品 | 15.0 | 0 | 15 | 100 | 5.0 | 0 | 5 | 0.7 | 0 |
| 水果、蔬菜及植物 | 15.0 | 0 | 15 | 100 | 3.3 | 33.6 | 5 | 1.4 | 53.9 |
| 咖啡及茶 | 15.0 | 0 | 15 | 100 | 3.1 | 37.5 | 5 | 0.5 | 33.7 |
| 谷物及其制品 | 15.0 | 0 | 15 | 100 | 3.2 | 35.2 | 5 | 1.3 | 47.1 |
| 含油种子、脂肪及油脂 | 23.9 | 0 | 200 | 100 | 4.8 | 3.6 | 5 | 0.5 | 6.7 |
| 糖及糖食 | 15.0 | 0 | 15 | 100 | 3.5 | 29.4 | 5 | 0.3 | 67.7 |
| 饮料及烟草 | 116.9 | 0 | 200 | 100 | 54.2 | 0.7 | 200 | 1.1 | 0.0 |
| 棉花 | 15.0 | 0 | 15 | 100 | 5.0 | 0 | 5 | 0.0 | 0 |

续表

| 产品组 | 最终约束税率 | | | | 最惠国税率 | | | 进口值 | |
|---|---|---|---|---|---|---|---|---|---|
| | 平均值 | 零关税部分占比(%) | 最高税率(%) | 该组所有税号中设有约束税率部分占比(%) | 平均值 | 零关税部分占比(%) | 最高税率(%) | 在总进口值中占比(%) | 享受零关税部分占比(%) |
| 其他农产品 | 15.0 | 0 | 15 | 100 | 4.4 | 11.0 | 5 | 0.4 | 48.5 |
| 鱼及鱼制品 | 15.0 | 0 | 15 | 100 | 3.6 | 28.1 | 5 | 0.3 | 58.2 |
| 矿产品及金属 | 14.8 | 0.1 | 15 | 100 | 4.9 | 2.3 | 10 | 31.0 | 46.9 |
| 石油 | 15.0 | 0 | 15 | 100 | 5.0 | 0 | 5 | 5.8 | 0 |
| 化工品 | 7.1 | 5.5 | 15 | 100 | 4.4 | 11.5 | 5 | 7.9 | 23.9 |
| 木材、纸品等 | 12.2 | 0 | 15 | 100 | 4.8 | 5.0 | 5 | 2.0 | 3.6 |
| 纺织品 | 14.9 | 0.2 | 15 | 100 | 5.0 | 0.2 | 5 | 1.4 | 0.6 |
| 服装 | 15.0 | 0 | 15 | 100 | 5.0 | 0 | 5 | 1.9 | 0 |
| 皮革、鞋类及其他 | 15.0 | 0 | 15 | 100 | 5.0 | 0 | 5 | 1.7 | 0 |
| 非电气设备 | 13.4 | 5.8 | 15 | 100 | 4.5 | 9.1 | 5 | 11.7 | 30.8 |
| 电气设备 | 11.7 | 21.7 | 15 | 100 | 3.6 | 26.9 | 5 | 13.7 | 73.4 |
| 运输设备 | 13.8 | 0 | 15 | 100 | 4.1 | 17.4 | 5 | 11.4 | 14.6 |
| 其他工业品 | 13.4 | 6.0 | 15 | 100 | 4.6 | 8.6 | 5 | 4.0 | 16.4 |

资料来源：世界贸易组织《世界关税概览2020》。

注：本表中，0表示等于0（不是约数），0.0表示约等于0（大于0且小于0.05）。

## 附录2

### 阿联酋关税豁免清单

根据《共同海关法》第98～106条，下列货物属于免税类别。除下列清单外，还有基于货物的关税豁免。

一、外交豁免

根据现行有效的国际协定、法律和命令，对驻阿联酋的外交使团、领事机构、国际组织和外交领事使团人员对等并免征关税。

二、军事豁免

武装部队军队和国内安全部队等进口的弹药、武器、军事设备、军用运输工具、零部件和其他材料，只要主管当局向海关发出豁免请求书，即可免征关税。

三、慈善团体进口

慈善团体可对其在人道主义、社会、教育、科学或宗教领域的服务或其他非营利目的进口申请免税。进口的体积和数量必须与其慈善活动的实际需要相符。所有进口商品都应直接以团体的名义进口。政府主管机关应逐案向海关发出请求豁免该团体进口货物关税的函件。

四、退换货

之前出口或者再出口的退运货物或者其中的一部分，依照下列条件免征关税：

（一）原产于本国的退货

• 必须是在出口之日起 3 年内退运的货物。

• 退运货物必须与出口报关的货物相同，并附有原产地、规格和特殊标记的证明。

• 货物必须与出口时的状态一致。

• 进口货物必须易于与出口货物比对，并符合出口报关单及其参考编号。

（二）退回的外国货物

• 货物必须在复出口之日起一年内退回。

• 再出口的货物在第一次进口时应缴纳关税。

• 货物再出口时不应退还关税。

• 货物必须在已清关的转口声明下再出口，并应提供证明其原产地、规格和特殊标记的所需文件。

• 货物必须与出口时的状态一致。

• 进口货物必须易于与出口货物比对，并符合出口报关单及其参考编号。

（三）暂时出口货物

暂时出口加工、修理的货物，应当按照加工、修理后增值部分缴纳关税。但应满足下列条件，以避免对整个货物全额缴税：

• 货物必须在再出口之日起一年内再进口；

• 货物在暂时出口时不得退还税款或押金；

• 货物在出口前必须经过检验，并附有原产地、规格和特殊标记和编号的证明；

- 暂时出口的目的必须在相应的海关申报中具体说明；
- 进口货物必须易于与出口货物相比对，并符合暂时出口报关单及其参考编号。

五、工业豁免

国家工业许可证持有人可以就包括机械、设备、备件、原材料、半成品和包装材料在内的工业投入品，向海关申请免税。经经济部批准，准予免税。如果工业许可证是在海湾合作委员会成员国签发的，则该应附工业许可证签发地主管当局批准的相关工业进口关税豁免证书。

六、个人物品和家庭用品

个人可以携带物品和家庭用品免税入境。免税符合以下条件：

- 如果是本国公民，从国外迁居返回阿联酋，免征关税；
- 对于外国人来说，应是第一次来阿联酋居住；
- 物品必须是用过的；
- 数量必须在装饰房屋的限度之内；
- 报关单和物品的所有人必须一致；
- 必须提供列出所有物品的文档；
- 必须出示在国外居住的证明；
- 外国人必须出示工作和居留证；
- 新物品不免税，并征收税。

七、旅客物品

符合下列条件，便有资格豁免所携带物品的税款：

- 礼品价值不超过 3000 迪拉姆；
- 香烟的数量不超过 400 支；
- 雪茄不超过 50 支；
- 切碎的、压碎的或漆味的烟草不超过 500 克；
- 酒精饮料不超过 4 公升；
- 啤酒的容量不超过 2 箱（24 罐/箱），每罐不超过 355 毫升；
- 旅客携带的物品必须是自用。

随身携带的个人物品，在下列情形下免税：

- 携带的物品数量未达到商业数量；

- 携带香烟和酒精饮料的旅客年龄应不低于 18 岁;
- 旅客随身携带的物品,应当遵守禁限规定。

属于商业数量的,需缴纳关税。逾期不缴纳关税、费用的,海关应当扣留超量部分 30 天,经海关总署批准,可以根据旅客的要求延长至 60 天。被扣押的物品应当在扣押期届满后拍卖。

附录 3

### 阿联酋增值税税率清单

| 领域 | 项目 | 增值税税率 |
| --- | --- | --- |
| 一、教育 | 私立和公立学校教育(不含高等教育),及由教育机构提供的相关商品和服务 | 0 |
| | 由政府所有或 50% 由政府出资的教育机构提供的高等教育以及相关商品、服务 | 0 |
| | 由私立高等教育机构提供的教育,及相关商品和服务 | 5% |
| | 托儿所和学前教育 | 0 |
| | 校服 | 5% |
| | 文具 | 5% |
| | 电子设备(平板电脑、笔记本等) | 5% |
| | 租用学校场地举办活动 | 5% |
| | 额外收费的课后活动 | 5% |
| | 由老师提供的、不额外收费的课后活动 | 0 |
| | 以教育为目的、在课程大纲内的学校旅行 | 0 |
| | 娱乐性的、不在课程大纲内的学校旅行 | 5% |
| 二、保健 | 包括疫苗接种在内的预防性保健服务 | 0 |
| | 以治疗病人为目的的保健服务,包括医疗服务和齿科服务 | 0 |
| | 不以治疗和预防为目的的其他保健服务(如美容等) | 5% |
| | 在内阁决议清单内的药品和医疗设备 | 0 |
| | 不在内阁决议清单内的药品和医疗设备 | 5% |
| | 其他医疗供应 | 5% |

续表1

| 领域 | 项目 | 增值税税率 |
|---|---|---|
| 三、石油和天然气 | 原油和天然气 | 0 |
| | 包括加油站在内的其他石油和天然气产品 | 5% |
| 四、运输 | 国内客运（包括国内航班） | 免税 |
| | 国际客、货运（包括在海合会国家之间） | 0 |
| | 为商品或乘客（超过10人）的商业运输供应运输工具（空中、海上和陆地） | 0 |
| | 与客、货运输相关的商品或服务供应 | 0 |
| 五、房地产 | 销售或租用商业建筑（非民用建筑） | 5% |
| | 在建造或改建完成后初次销售/租用民用建筑 | 0 |
| | 初次销售福利性建筑 | 0 |
| | 初次供应后再次销售/租用民用建筑 | 免税 |
| | 宾馆、汽车旅馆和提供服务的住宿 | 5% |
| | 空地 | 免税 |
| | 土地（非空地） | 5% |
| | 阿联酋居民建造自住房屋 | 5%（可退税） |
| 六、金融服务 | 基于保证金的产品（无明确收费、佣金、回扣、贴息或类似的产品） | 免税 |
| | 有明确收费、佣金、回扣、贴息或类似的产品 | 5% |
| | 借出形式的利息（包括贷款、信用卡、融资租赁） | 免税 |
| | 股权或债券的发行、配发或转让 | 免税 |
| 七、投资金、银和铂金、珠宝 | 纯度≥99%且可在全球市场交易 | 0 |
| | 纯度<99% | 5% |
| | 珠宝 | 5% |
| 八、保险和再保险 | 保险和再保险（包括健康险、车辆险、房产险等） | 5% |
| | 生命险和再保险 | 免税 |
| 九、食品和饮料 | 食品和饮料 | 5% |

续表2

| 领域 | 项目 | 增值税税率 |
|---|---|---|
| 十、电信和电子服务 | 有线和无线电信和电子服务 | 5% |
| 十一、政府活动 | 指定政府机构进行的，不与私营部门竞争的主权性活动 | 考虑不纳入增值税体系 |
| | 非主权性活动，或与私营部门竞争的活动 | 根据商品/服务类型缴纳，不论提供者 |
| 十二、非营利性组织 | 外国政府、国际组织、外交机构和使团从事的活动（如果不在阿联酋从事商业活动） | 考虑不纳入增值税体系 |
| | 在内阁决议清单中的社会团体和福利组织进行的慈善活动 | 考虑不纳入增值税体系 |
| | 其他非营利组织（不在内阁决议清单内）进行的非商业性活动 | 考虑不纳入增值税体系 |
| | 上述组织进行的商业性活动 | 根据服务类型缴纳，不论提供者 |
| 十三、自由区 | 在指定区域内的商业间供应商品 | 考虑不纳入增值税体系 |
| | 在指定区域内的商业间供应服务 | 根据商品/服务类型缴纳，不论位置 |
| | 在非指定区域内供应商品和服务 | 根据商品/服务类型缴纳，不论位置 |
| | 从本土向指定区域，或从指定区域向本土供应商品和服务 | 根据商品/服务类型缴纳，不论位置 |

续表3

| 领域 | 项目 | 增值税税率 |
|---|---|---|
| 十四、其他 | 向实行该政策的海湾国家之外出口商品和服务 | 0 |
| | 雇员在其受雇过程中进行的活动,包括薪水 | 考虑不纳入增值税体系 |
| | 在单一纳税集体的成员间的供应 | 考虑不纳入增值税体系 |
| | 任何以上未提及的商品和服务供应（包括任何在阿联酋出售的物品和提供的服务） | 5% |
| | 二手商品（例如零售商出售的二手车），古董和收藏品 | 利润空间5% |

资料来源：阿联酋联邦税务局。

## 附录4

### 迪拜部分知名自由区

| 序号 | 译名 | 英文名 | 管理当局 |
|---|---|---|---|
| 1 | 迪拜互联网城 | Dubai Internet City | 迪拜创意集群管理局 |
| 2 | 迪拜媒体城 | Dubai Media City | |
| 3 | 迪拜生产城市 | Dubai Production City | |
| 4 | 迪拜影城 | Dubai Studio City | |
| 5 | 迪拜外包城 | Dubai Outsource City | |
| 6 | 迪拜知识园区 | Dubai Knowledge Park | |
| 7 | 迪拜国际学术城 | Dubai International Academic City | |
| 8 | 迪拜科技园 | Dubai Science Park | |
| 9 | 迪拜设计区 | Dubai Design District | |
| 10 | 迪拜多种商品交易中心 | Dubai Multi Commodities Centre (DMCC) | 迪拜多种商品交易中心管理局 |
| 11 | 杰拜阿里自由区 | Jebel Ali Free Zone | 杰贝阿里自由区管理局 |

续表

| 序号 | 译名 | 英文名 | 管理当局 |
|---|---|---|---|
| 12 | 迪拜机场自由区 | Dubai Airport Free Zone | 迪拜机场自由区管理局 |
| 13 | 迪拜硅谷 | Dubai Silicon Oasis | 迪拜硅谷管理局 |
| 14 | 迪拜健康城 | Dubai Health Care City | 迪拜机场管理局 |
| 15 | 国际人道主义城 | International Humanitarian City | |
| 16 | 迪拜海运城 | Dubai Maritime City | 迪拜海运城管理局 |
| 17 | 迪拜珠宝城 | Gold and Diamond Park | |
| 18 | 迪拜南城 | Dubai South | |
| 19 | 迪拜国际金融中心 | Dubai International Financial Centre | |
| 20 | 梅登赛马场 | Meydan | |
| 21 | 国家工业区 | National Industries Park (Technopark) | |

资料来源：根据阿联酋政府网站资料整理。

## 附录5

### 阿联酋进出口受限货物类别及主管当局

| 编号 | 受限货物类别 | 主管当局 |
|---|---|---|
| 1 | 活动物、植物、肥料和杀虫剂 | 气候变化和环境部 |
| 2 | 武器、弹药、爆炸物和烟火 | 国防部/武装部队/内政部 |
| 3 | 医药产品和医疗/外科仪器 | 卫生部 |
| 4 | 印刷材料、出版物和传媒产品 | 国家媒体委员会 |
| 5 | 核能相关产品 | 联邦核能管理局 |
| 6 | 新轮胎 | 阿联酋标准化和计量管理局 |
| 7 | 发射机和无线电设备 | 电信管理局 |
| 8 | 含酒精饮料 | 迪拜警察局 |

资料来源：迪拜海关官网。

## 附录6

### 过境货物和转运货物

**一、过境货物**

过境货物指以进口商的名义或主管当局认可的承运代理人从国外进口货物。货物在到达最终目的地前经过该国（地区）领土应申报。应收取相当于货物总价值的保证金，以确保货物自交易处理之日起30天内出境。

所需文件：一是以外国进口商或其以阿联酋当地授权许可机构认可的承运代理人的名义发出的发货单；二是出口商以外国进口商的名义开具的销售发票副本，列明货物的总数量、货物摘要、每一项目的明细和总价值；三是详细的装箱单，如重量、包装方法、HS编码。

**二、转运货物**

转运货物指进口商以其名义或主管当局认可的承运代理人的名义从国外进口货物。报关所需文件：交货单、提单。

## 附录7

### 电子清关

通过E-Mirsal（在线报关和结算系统）处理：

1. 通过电子清关系统在公司经营场所准备E-Mirsal副本；
2. 接收和核对海关报关单，并附上交易文件：

・由运货代理商经阿联酋许可公司发出的发货单；

・原始提单（适用于海港）；

・进口受限货物时，需提交主管机构颁发的进口许可证；

・寄给在该国的持牌进口商的发票原件，详细列明每项货品的总数量、货品描述及总值；

・原产地证明原件，由原产地的商务部门签发；

・装箱单（重量、包装方法和每件货物的HS编码）；

・海关清关代理卡。

3. 将表格编码输入海关报关系统，以核对公司输入的资料；
4. 打印海关申报单；

5. 征收关税和登记费。

附录 8

### 《共同海关法》第四章：自由区及免税店

第 77 条　各酋长国依据法律设立自由区，遵照部长或主管机构的指示制定相关规则、要求等。

第 78 条　（A）除本法第 79 条和第 80 条的规定外，允许各种外国商品进入自由区和免税店，并从自由区和免税店运出，不需缴纳关税或税款。

（B）适用于出口限制和再出口海关手续的，允许国内再出口的外国货物进入自由区和免税店。

（C）存放在自由区和免税店内的货物无期限限制。

第 79 条　报关清单上列明的应税进口货物，非经署长批准，并遵循相应的规定，不得进入自由区和免税店。

第 80 条　禁止下列货物进入自由区和免税店：

· 易燃物品，必要的燃料及经过监管部门按主管部门制定的条件允许的除外；

· 放射性物料；

· 任何种类的武器、弹药和爆炸物，但主管当局许可的除外；

· 违反有关知识产权保护法律的货物；

· 各类麻醉药品及其衍生物；

· 遭经济抵制国家的商品；

· 禁止入境的货物。

第 81 条　海关可以在自由区和免税店进行检查，以发现违禁品，也可以在怀疑走私活动时审查文件和检查货物。

第 82 条　如有要求，自由区和免税店管理部门应提交列明所有进出自由区和免税店的货物清单。

第 83 条　存放在自由区和免税店的货物，除办理署长规定的手续外，不得转移到其他自由区和免税店、商店或仓库。

第 84 条　货物应当按照适用的规定并按照署长的指示，从自由区和免税店提取。

**第 85 条** 从自由区运入关境的货物,即使这些货物包含当地原材料或在进入自由区之前已对其征收关税,仍按外国商品进口处理。

**第 86 条** 允许本国和外国船只从自由区采购所需的所有船用设备。

**第 87 条** 自由区和免税店的管理机构对其工作人员所犯的一切违法行为和非法取得的货物,追究责任。所有与安全、公共卫生、走私和欺诈控制有关的法律法规,在自由区和免税店继续有效。

**第 88 条** 从自由区和免税店运出进入该国市场或出境的,应当视为外国商品处理。